AWS
시스템 개발
스킬업

AWS 시스템 개발 스킬업

1판 1쇄 발행 2024년 6월 13일

지은이 다카오카 스스무, 사사키 도루
옮긴이 김모세
펴낸이 장성두
펴낸곳 주식회사 제이펍

출판신고 2009년 11월 10일 제406-2009-000087호
주소 경기도 파주시 회동길 159 3층 / **전화** 070-8201-9010 / **팩스** 02-6280-0405
홈페이지 www.jpub.kr / **투고** submit@jpub.kr / **독자문의** help@jpub.kr / **교재문의** textbook@jpub.kr

소통기획부 김정준, 이상복, 안수정, 박재인, 송영화, 김은미, 배인혜, 권유라, 나준섭
소통지원부 민지환, 이승환, 김정미, 서세원 / **디자인부** 이민숙, 최병찬

진행 김은미 / **교정·교열** 김도윤 / **내지 및 표지 디자인** 이민숙
용지 타라유통 / **인쇄** 한길프린테크 / **제본** 일진제책사

ISBN 979-11-93926-24-6 (93000)
책값은 뒤표지에 있습니다.

제이펍은 독자 여러분의 아이디어와 원고를 기다리고 있습니다. 책으로 펴내고자 하는 아이디어나 원고가 있는
분께서는 책의 간단한 개요와 차례, 구성과 지은이/옮긴이 약력 등을 메일(submit@jpub.kr)로 보내주세요.

AWS 시스템 개발 스킬업

다카오카 스스무, 사사키 도루 지음

김모세 옮김

제이펍

이제 '클라우드'는 어디에서나 들을 수 있는, 정확한 개념을 모르더라도 사용할 수 있는 일반적인 용어가 됐습니다. 새로운 시스템이나 인프라스트럭처를 구축할 때 클라우드 기술의 사용을 검토하는 비율도 높아졌습니다. '원하는 시점에, 원하는 만큼의 리소스를 사용하고, 사용한 만큼의 비용만 지불한다'는 개념은 시스템 설계의 자유도를 높여주는 동시에 인프라스트럭처 구축의 부담을 크게 낮췄습니다.

하지만 클라우드를 잘 운영하기 위해서는 갖춰야 할 것이 적지 않습니다. 구축할 시스템(서비스)에 관해 정확하게 이해하고, 클라우드가 제공하는 다양한 서비스를 적절하게 조합하고, 인력과 클라우드 서비스의 비용을 정확하게 통제하며, 클라우드에서만 가능한 유지보수 및 운영을 수행해야 합니다. 이 책은 단순히 클라우드가 제공하는 서비스들이나 애플리케이션의 나열에 그치지 않고, 개발 대상 서비스와 인프라스트럭처에 관계없이 시간이 지나도 적용할 수 있는 클라우드 고유의 사고방식과 노하우를 제공합니다. 클라우드 시스템의 개념부터 시스템을 구축하고, 구축한 시스템을 장기적으로 유지보수하는 방법까지 설명합니다. AWS를 포함해 하루가 다르게 변하는 클라우드 세계에서, 길을 잃지 않고 클라우드가 주는 혜택을 충분히 누리고 비즈니스 성과를 얻는 데 이 책이 도움이 되기를 바랍니다.

번역 과정에서 좋은 지식을 공유할 수 있도록 해준 하나님께 감사드립니다. 또한 유익한 책을 번역할 기회를 준 제이펍 장성두 대표님께 감사드립니다. 책을 편집하는 과정에서 많이 고생하신 제이펍 편집자님과 다양한 경험을 바탕으로 책의 완성도를 높일 수 있도록 많은 의견을 주신 베타리더분들에게도 감사드립니다. 마지막으로 책을 번역하는 동안 한결같은 믿음으로 저를 지지하고 응원해준 아내와 세 딸에게도 깊은 감사를 전합니다. 정말 고맙습니다.

김모세

제이펍은 책에 대한 애정과 기술에 대한 열정이 뜨거운 베타리더의 도움으로
출간되는 모든 IT 전문서에 사전 검증을 시행하고 있습니다.

 김민규(큐셀네트웍스)

필자의 경험을 통해 읽는 이가 직접 경험해보지 않은 사례도 이해하기 쉽게 배우고 익
힐 수 있도록 구성된 좋은 책입니다. 특히 온프레미스와의 차이를 자세하게 보여주면서
클라우드 서비스의 장점을 설명하는 방식은 독자가 개념을 이해하는 데 많은 도움을
줍니다. 새롭게 클라우드를 구축하고자 한다면 이 책을 추천합니다.

 윤승환(코드벤터)

AWS에 대한 심도 깊은 해설이 인상적이었습니다. 복잡해질 수 있는 클라우드 서비스
의 개념을 명료하게 전달해 초보자도 클라우드 환경을 더욱 잘 이해할 수 있도록 돕습
니다. 특히 AWS 서비스의 사용 방법과 최적화 전략을 상세히 다루며, 현실적인 예시를
통해 이론을 실제에 적용하는 방법을 제시합니다.

 이기하((사)오픈플랫폼 개발자커뮤니티)

AWS를 포함한 클라우드 서비스에 대해서 잘 모른다면 이 책을 추천합니다. 초보자의
눈높이에 맞춰서 친절하게 설명해줍니다. 또한, IT에 어느 정도 익숙한 분들에게도 추
천합니다. 기존 시스템을 어떻게 하면 효율적으로 클라우드(AWS)로 전환할지에 대한
많은 고민이 담겨 있는 책이기 때문입니다.

"AWS 책을 내려고 합니다."

작년 다카오카 씨의 이야기를 들었을 당시에는 조금 당황했습니다. AWS 관련 서적들이 최근에 많이 출간돼 있고, 다양한 경력을 갖고 임원이 된 지금도 다양한 프로젝트를 최전선에서 이끌고 있는 다카오카 씨가 굳이 기술서를 쓰려 한다는 것에 솔직히 어색하다고 느꼈기 때문입니다. 그러나 이내 쓸데없는 걱정인 것으로 밝혀졌습니다. 책의 구상에 관한 문의 과정에서, 이 책은 다카오카 씨만 쓸 수 있는 내용이라고 확신했기 때문입니다.

누구나 클라우드를 다룰 수 있게 된 오늘날, 시스템 구축의 실무적인 난이도는 이전에 비해 압도적으로 낮아졌습니다. 그래서 충분한 고민 없이 설계된 채 구축된 시스템도 많아졌습니다. 당연하지만 이 상황은 좋은 것이 아닙니다. 체계화 또는 표준화된 방법을 활용하게 되기도 했지만, 현실에는 매우 복잡하며 이상적으로 작동하지 않는 것투성이입니다.

이 책은 구축 이후를 고려한, 공식 문서에서는 설명하지 않은 실제 시스템 개발 및 운영 현장에서의 지혜를 그대로 압축한 것입니다. 그야말로 '바이블'이라 부를 수 있는 내용을 담고 있습니다. 이 책에서는 '하지 않아도 될 것', '과하게 하지 않아도 될 것'에 관해 많은 부분을 다루고 있습니다. 이런 요소들을 간파하는 힘은 하루 이틀에 만들어 지는 것이 아닙니다. 필자들의 오랜 경험, 때로는 아픔을 수반해 얻어낸 노하우가 장마다 담겨 있습니다. 책의 구석구석까지 주의 깊게 읽어보길 권합니다.

이 책은 클라우드를 사용한 개발/운영에 종사하는 많은 분에게 유용할 것입니다. 특히다른 사람이 이끄는 개발 프로젝트에 참여하는 분들의 필독서입니다. 최근 개발 및 운용 현장에서 자동화/무인화가 널리 도입돼 있지만 프로젝트 성공의 핵심은 역시 사람과 조직입니다. 어떤 체제에서 도전하는가, 어떤 역할을 해야 하는가, 어떻게 경영과 연결하는가와 같은 질문들에 유일한 정답은 존재하지 않지만, 이 책에서 제시하는 내용들이 여러분의 환경에 큰 힌트가 될 것입니다. 이 책은 기술 서적인 동시에 비즈니스 서적입니다. 오랫동안 IT 업계를 이끌어온 필자들이 담아낸 지식의 결정체가 여러분의 비즈니스 성장에 기여하는 것을 한 사람의 독자로 바라 마지않습니다.

나카하라 도모야(中原 知也), 주식회사 NTT 데이터

이제 '클라우드'라는 키워드는 완전히 일반적인 용어가 됐습니다. 새로운 시스템을 구축하는 경우, 상당히 높은 비율로 클라우드의 사용을 검토하며 실제로도 많이 사용합니다. 하지만 클라우드를 사용한 시스템에서 **생각한 만큼 비용 면에서 이익을 얻지 못하거나 운용 부담이 줄지 않는 일도 많습니다.** 그런 상황에 빠지지 않도록, 필자들이 수많은 개발 경험을 통해 얻은 지식과 노하우를 모았습니다. 이 책은 클라우드를 통해 얻을 수 있는 혜택을 확실하게 누릴 수 있도록 하기 위해 만들어졌습니다. AWS를 사용한 시스템 개발을 성공으로 이끌기 위한 지침서입니다.

책에서 전하고자 하는 것

클라우드의 가장 큰 이점은 매우 쉽게 사용할 수 있다는 것입니다. 하지만 이것은 '그저 사용하는 것'의 관점일 뿐 **비즈니스에 필요한 '적절하게 리소스를 사용하고 있는가?',** **'비용은 정확한가?' 등의 운영 관점의 관리 통제는 포함하고 있지 않습니다.**

클라우드는 쉽게 이용할 수 있기 때문에 어느새 목적을 잃고 클라우드를 이용할(또는 클라우드를 이용하는 것 자체가 목적이 될) 가능성이 있습니다. 하지만 클라우드가 제공하는 혜택을 확실히 얻기 위해서는 다음과 같이 **초기 검토 단계부터 운용 및 유지보수까지 올바른 방식으로 접근**해야 합니다.

- 구축하는 시스템(서비스)을 정확하게 이해한 상태에서,
- 클라우드가 제공하는 다양한 서비스를 적절하게 조합하고,
- 인력을 적절하게, 클라우드 서비스나 비용을 정확하게 통제하고,
- 클라우드에서만 수행할 수 있는 유지 운용을 수행합니다.

이런 관점에 기반해 이 책에서는 프로젝트 매니저와 서비스 오너의 입장에서 클라우드 시스템에 관한 사고방식과 핵심적인 힌트를 제공하고, 비즈니스로서 성공에 이르는 방법을 설명합니다.

책에서 제공하는 것

이 책에서는 필자들의 클라우드 시스템 개발 경험을 바탕으로 개발 대상에 관계없는, 시간이 지나도 적용할 수 있는 클라우드 고유의 사고방식이나 노하우를 제공합니다. 구체적인 내용은 다음과 같습니다.

- 클라우드의 근본적인 사상 및 시스템 개발에서 클라우드 이용이 표준이 된 이유
- 특정한 사람에게 의존하지 않는 투명한 시스템 아키텍처를 만드는 방법
- 여러 시스템의 비기능 요건을 집약해 비용 효과를 얻는 방법
- 비기능 요건 설계 패턴 이해 및 실습
- 클라우드 시스템의 안정적인 가동을 위한 사고방식과 핵심적인 힌트
- 클라우드 시스템의 효과 측정을 위해 가져야 할 관점

클라우드 시스템 개발 현장에서 많은 경험을 쌓은 분들은 어느 정도 '당연하다'고 느낄 수 있는 내용도 포함돼 있을 것입니다. 하지만 현재의 개발 현장에서는 그 '당연함'이란 같은 프로젝트를 많이 경험한 사람들이 가진 좋은 호흡이나 암묵적인 노하우인 경우가 많기 때문에, 잘 알고 있는 사이에서는 효과를 발휘합니다. 하지만 프로젝트 도중에 참가한 멤버(신규 입사 또는 소속 변경 등을 포함) 또는 외부인과 협업을 하게 되면 일이 원만하게 진행되지 않기도 합니다.

그래서 이 책에서는 그런 '당연함'에 해당하는 내용도 언어의 형태로 바꾸어 공유하기 위해 노력했습니다. 즉 특정한 사람에게 의존하지 않는 인프라스트럭처나 아키텍처, 재현 가능한 모범 사례의 사고방식과 노하우입니다.

이를 몸에 익히면 다음과 같은 효과를 기대할 수 있습니다.

- 구현된 시스템이 클라우드를 적절하게 이용하고 있는가를 실감할 수 있습니다.
- 개발 멤버가 좋아하는 구성, 다루기 쉬운 방법이라는 관점에서 시스템을 구축하는 것을 피할 수 있습니다.
- 기획 멤버가 요구를 따르느라 개발 멤버를 혹사시키거나, 다중 운용 또는 보안 문제 등을 포함하는 것을 피할 수 있습니다.
- 개발뿐만 아니라 장애 발생 및 감사 시에도 원만하게 대응할 수 있습니다.

이 책의 내용을 프로젝트 멤버와 함께 공유하면서 다음과 같은 효과를 기대할 수 있습니다.

- 프로젝트 멤버들의 시스템에 대한 기댓값을 공통 언어로 논의할 수 있습니다.
- 도중 참가(신규 입사 및 소속 변경 포함) 멤버를 단기간에 프로젝트의 전력으로 만들 수 있습니다.

이 책에서는 애플리케이션 개발은 설명하지 않습니다. 애플리케이션은 프로젝트에 따라 그 특성이 크게 다르며, 클라우드 시스템으로서 일반화할 수 있는 부분이 적기 때문입니다.

사전 지식 및 대상 독자

이 책에서는 AWS를 이용한 클라우드 시스템 개발을 설명합니다. AWS 인증 자격인 '설루션 아키텍트 어소시에이트'와 같은 정도의 지식을 가지고 있다면 문제없이 읽을 수 있을 것입니다. 그렇지 않더라도 AWS의 각 서비스에 관한 개요를 설명하므로, 세세한 부분까지 알지 못하더라도 각 항목의 큰 이미지를 그리는 데는 충분할 것입니다.

이 책은 프로젝트 매니저나 서비스 오너의 입장에서 쓰였지만, 앞에서 설명한 것처럼 프로젝트 팀 멤버들까지 폭넓게 활용할 수 있을 것입니다. 그래서 가능한 친절한 설명과 그림을 넣었으며, 몇 가지 개발 사례들을 포함해 이미지를 쉽게 그릴 수 있게 했습니다. 어느 정도 기술적인 지식이 필요하지만, 클라우드 활용을 검토하는 기업의 경영자나 IT 리더도 이 책을 통해 AWS를 사용한 클라우드 시스템 개발에 관한 지식을 얻을 수 있을 것입니다.

책의 구성

이 책은 클라우드 시스템에 관한 근본적인 사고방식에서 시작해, 구체적인 구현을 하는 방식으로 구성돼 있습니다. 앞 장에서 학습한 내용을 전제로 하는 내용도 많기 때문에 1장부터 순서대로 읽는 것을 권장합니다. 5장에서는 1~4장에서 설명한 노하우를 가상의 시스템에 적용합니다. 6장에서는 5장까지의 내용을 비탕으로 다양한 프로젝트에 적용할 수 있는 패턴화된 실습을 제공합니다.

- 1장: 클라우드의 기술적인 특징과 시스템 개발의 변화
- 2장: 클라우드 시스템의 전체 이미지를 검토할 때의 사고방식과 참조 문서
- 3장: 클라우드 서비스 선정 포인트
- 4장: 비기능 요건의 노하우
- 5장: 아키텍처링 판단 포인트
- 6장: 다중 계정 아키텍처 구축 실습
- 7장: 클라우드로 구축한 시스템을 안정적으로 유지시키는 노하우
- 8장: 투자 대비 효과를 평가하는 방법
- 9장: 클라우드 개발 사례 소개

이 책을 통해 AWS 클라우드 시스템의 각 서비스를 취급하는 방법을 이해하고 설정하거나 아키텍처를 선택할 때 도움을 주는 유익한 정보를 얻을 수 있을 것입니다. 그리고 운용 담당자라면 안정된 운용을 유지하기 위한 힌트도 찾을 수 있을 것입니다.

클라우드 기술은 IT 업계에 혁신적인 변화를 계속해서 가져오고 있습니다. 하지만 클라우드가 제공하는 혜택을 충분히 얻고 비즈니스 성과를 올리기 위해서는 적절한 지식과 노하우가 필요합니다. 이 책이 그런 지식과 노하우를 공유하는 데 도움이 되고 오랫동안 활용되기를 바랍니다.

다카오카 스스무(高岡 将)

필자는 1990년대 초반부터 IT 업계에 몸을 담고, 기술 혁신의 탄생 순간부터 우리 손으로 직접 모색하며 결과를 만들어왔습니다. 시대와 함께 익힌 지식, 경험을 통해 공통적으로 얻은 것은 기술 자체를 이해하는 것보다 구현하고 싶은 것이 중요하고, 목적을 통일한 후 계획(체제)을 만들고, 기술을 적용하는 것이 성공의 패턴이라는 것입니다.

몸을 돌려 AWS의 현실을 바라보니, 같은 목적이라 하더라도 프로젝트 오너와 개발 담당자 사이에서 다른 해석이 존재하는 것에 놀랐습니다. 목적이 명확하게 전달되지 않아도, 누군가가 완성이라고 한다면 프로젝트는 종료됩니다. 하지만 '정말로 그것으로 좋은가?', '기왕 클라우드를 이용했는데, 그에 대한 충분한 혜택을 누리고 있는가?' 하는 질문을 스스로에게 던지고 대답하면서 깨달은 점을 담은 노하우는 슬라이드 100장을 넘는 분량이었습니다. 그 노하우들이 여러분에게 힌트로서 도움이 된다면 더없이 행복할 것입니다.

집필하면서 시간이 지나도 형태화하지 않는 사고방식이나 노하우를 담은 책이라는 개념을 형태로 구현하는 데 많은 노력을 기울였습니다. 기획에 공감해주고, 이 책의 출판에 도움을 준 모든 분에게 다시 깊이 감사드립니다.

한 가지 더 미래의 젊은 세대와 이어질 수 있도록 필자의 노하우를 자료화하는 작업에 참여하고, 공동 집필이라는 형태로 함께해준 사사키 도루 씨에게 감사함을 전합니다.

사사키 도루(佐々木 亨)

다카오카 씨에게 서적 집필이 진행된다는 이야기를 들었을 때, 반쯤은 농담이라고 생각했습니다. 이미 많은 AWS 관련 서적이 존재했고, 다소 특이한 특징을 가진 책이었기 때문입니다. 운이 좋게도 이 책의 콘셉트를 이해한 출판사를 만나 출간을 할 수 있게 됐습니다.

업무와 집필을 병행하느라 대단히 분주했지만 공동 저자인 다카오카 씨, 옆에서 응원해준 가족, 그리고 집필 속도가 느림에도 도움을 준 SB 크리에이티브의 도모야스 겐타 友保 健太 씨 덕분에 끝까지 해낼 수 있었습니다.

마지막으로 이 책을 읽어준 여러분에게 감사합니다. 클라우드는 커다란 장난감 상자라고 생각합니다. 장난감을 사용해 무엇을 만들 것인지는 여러분의 손에 달렸습니다. 꼭 클라우드를 즐겨보기를 바랍니다.

1

클라우드 스탠다드 시대의
시스템 개발

이번 장에서는 클라우드의 기술적 특징 및 IT 업계와 시스템 개발에 가져온 변화에 관해 알아보겠습니다. 클라우드 등장에 따른 시스템 개발의 변화의 본질을 이해하고 변화에 대응한 개발 체제의 정비 방법에 관해 생각해봅시다.

1.1 | 시스템 개발에서 클라우드의 등장

이번 절에서는 클라우드의 특징과 그 본질을 알아봅시다. 이를 위해 먼저 클라우드가 등장한 시대의 역사적 배경을 돌아보면서, 컴퓨팅 리소스 사용 방법이 클라우드의 등장 이전과 이후에 어떻게 달라졌는지 확인합니다. 그 후, 클라우드의 특징을 호스팅 및 온프레미스와 비교해보겠습니다.

1.1.1 클라우드에 관한 사전 지식

이제는 시스템 개발이나 비즈니스를 구축할 때 **클라우드**cloud를 말하는 것은 당연한 시대가 됐습니다. 비즈니스에서 하나의 목적을 달성하기 위한 기술적 수단에는 클라우드 또는 **온프레미스**on-premise 등의 선택지가 있습니다.

새로운 기술이나 서비스가 세상에서 일정한 지지를 얻는다는 것은 그만한 값어치나 의미가 있다는 것입니다. 클라우드가 출현했을 당시에는 그 특징으로 **유연성, 민첩성, 신속성, 확장성**과 같은 용어들을 자주 듣곤 했습니다. 여러분도 들어봤을 것입니다.

지금은 이를 뛰어넘어 **온디맨드 서비스, 매니지드 서비스, 글로벌 네트워크, 수요에 맞춘 리소스** 등의 용어들도 사용합니다. 클라우드 벤더가 매일 업데이트를 하거나 서비스를 확충하고, 지속적인 이용에 따른 요금 할인 등의 가능성이 있으며, 신규로 제공되는 서비스는 이제까지의 온프레미스와는 완전히 다른 세계관으로 기술 혁신을 즉시 이용할 수 있습니다.

클라우드에서 제공되는 서비스는 이용하는 범위로 리소스 측정이나 모니터링을 수행할 수 있고, 각각에 적합한 관리 레벨 제어나 최적화를 이제까지의 온프레미스 기기와는 다른 차원과 시간 축으로 제공할 수 있기 때문에 이용자는 다양한 형태로 혜택을 얻을 수 있습니다.

이런 특징을 이해하고 자사 서비스 등에 잘 적용하는 것은 기술 담당자의 문제를 해결하는 것뿐만 아니라, 경영 레벨에서의 전략 가치가 됩니다.

◐◐ 클라우드의 등장 배경

2006년 Amazon Web Services(이하 AWS)에서 **Amazon S3/EC2**를 발표했을 때, 업계는 큰 충격에 휩싸였습니다. AWS란 서비스를 발표할 당시에는 일래스틱 컴퓨팅elastic computing(일래스틱은 탄력적이라는 의미)과 같은 용어를 많이 사용했으며 '클라우드'라는 용어는 사용하지 않았습니다. 클라우드는 클라우드 컴퓨팅cloud computing을 줄인 것으로, 2006년 8월에 개최된 검색엔진전략 회의Search Engine Strategies conference에서 구글의 전 CEO 에릭 슈미트Eric Schmidt가 처음 사용한 것으로 알려져 있습니다.

다음은 에릭 슈미트가 클라우드에 관해 설명했던 《타임TIME》의 인터뷰 기사입니다. 지금 보면 다소 오래된 표현도 있지만, **큰 의미에서의 컴퓨터의 공동 이용**이라는 사고 방식을 엿볼 수 있습니다.

> 기본적인 사고방식은 여러분이 사용하는 모든 데이터와 애플리케이션을 어딘가의 서버에 보관하는 것이 좋다는 것입니다. 그 이유는 어떤 컴퓨터나 장치에서도 접근할 수 있기 때문입니다. 예를 들어 여러분이 집이나 사무실에 PC나 맥으로 스마트폰 등의 휴대 가능한 장치를 사용하고 있다고 합시다. 여러분은 항상 파일을 이동시키고 있습니다. 그런데 랩톱을 떨어뜨려 고장이 났다면 어떻게 될까요? … 인터넷 어딘가에 존재하는, 우리가 '클라우드'라 부르는 것을 컴퓨팅과 애플리케이션이 사용하는 편이 더 뛰어난 모델이라고 생각할 수 있습니다. 제가 구글이 설립되기 훨씬 이전부터 다른 사람들과 함께 15년 이상 이에 관한 이야기를 나눠왔습니다. 그것을 실현하는 것은 당연히 어려웠지만, 브로드밴드 네트워크의 속도가 충분히 빨라진 지금에는 현실이 됐습니다. 모든 것을 항상 로컬 컴퓨터에 보존할 필요가 없어졌습니다.
>
> 출처: https://content.time.com/time/business/article/0,8599,1541446,00.html

또한 이런 개념 자체는 당시까지도 존재했습니다. 하지만 과거에는 컴퓨터 자체의 가상화 대응이 한정적이었고, 네트워크 속도도 빠르지 않았기 때문에 컴퓨터를 포함한 네트워크와 스토리지라는 기기의 소프트웨어화도 따라오지 못했습니다. 2006년은 다양한 기기나 서비스가 클라우드라는 서비스를 시작하기에 좋은 시점이었다고 말할 수 있습니다.

⬤⬤ 클라우드 등장 이전의 컴퓨터 이용

컴퓨터의 이용 방법은 '단일 컴퓨터 이용(스탠드얼론standalone)', '기업 간 공동 이용(특정 처리, 특정 기기)', '기업 안에서의 공동 이용(가상화)' 등이 있었으며, 이를 거쳐 기업이나 위치 등에 관계없는 공동 이용(클라우드)으로 진행됐습니다.

클라우드가 출현하기 이전, 1980년대부터 2000년경까지는 일본에서도 호스트 컴퓨터를 소유한 기업이 많았습니다. 호스트 컴퓨터는 현재의 온프레미스 서버와 같이 규격화된 크기의 서버를 랙rack에 마운트하는 것이 아니라, 각 머신의 크기에 따라 설치할 위치를 확보해야 했습니다. 그렇기 때문에 커다란 데이터 센터data center나 머신 룸을 준비하고, 자사의 시스템 담당자가 제조사나 설비 담당자와 협의해 설치한 후 이용했습니다. 그 위에서 작동하는 애플리케이션의 담당자와의 거리도 가까운, 그야말로 온프레미스 시대를 느낄 수 있는 운영이 이뤄졌습니다.

그 뒤 IA 서버Intel Architecture server(PC 서버와 거의 같음) 등으로의 다운사이징downsizing, 오픈화 등이 적극적으로 수행돼 온프레미스에서도 데이터 센터 안에 자사 서버를 설치하고 운영하게 됐습니다. 인프라스트럭처 담당자는 부동산이나 전원과 같은 설비 주변 업무에서 해방됐고, 순수하게 하드웨어 기술에 특화되기 시작합니다. 그 결과, 애플리케이션 담당자와의 거리가 더욱 긴밀해졌습니다. 또한 온프레미스에서도 가상화가 진행되기 시작해 '(웹서버 수) = (실제 서버 수)'라는 등식이 성립하지 않게 됩니다.

이렇게 되면 애플리케이션 담당자 입장에서는 데이터는 물론 프로그램도 서버 그룹에 두는 것이 되지만, 그것은 온프레미스이든 인터넷의 어딘가의 구름(클라우드) 안이든 큰 차이가 없습니다. 그렇기 때문에 일본에서도 빠르게 클라우드가 침투하기 시작했습니다.

1.1.2 클라우드의 특징

●● 호스팅과 하우징의 차이

클라우드와 가까운 서비스로서는 **호스팅**hosting과 **하우징**housing 등이 있습니다. 그러나 모두 '자산(온프레미스)을 데이터 센터 등에 설치한다' 또는 '데이터 센터 업자의 자산(온프레미스)을 빌린다'는 형태가 주류였습니다.

클라우드는 수백 대, 수천 대, 또는 그 이상의 하드웨어를 **리소스**resource라는 형태로 **가상화**virtualization하고, **코어 수나 메모리의 크기 등을 선택할 수 있도록 메뉴화한 리소스**로서 유연하고도 즉각적으로 이용할 수 있습니다.

●● 온프레미스에 대한 우위성

리소스 유효 활용이라는 목적만 본다면 클라우드를 사용하지 않고 자사에서 서버를 조달(구입)하고, 온프레미스 리소스를 가상화해서 서비스에 할당하더라도 비용 이익을 충분히 얻을 수 있다고 생각하는 기업도 있습니다. 하지만 **하드웨어 조달을 통해서는 규모 이익을 얻기 어려운 점**이나 반대로 하드웨어 비용을 억제할 수 있다 하더라도 상시 운용 또는 몇 년에 한 번씩 하드웨어를 교체하는 등의 **유지 비용과 인건비가 발생**한다는 점을 고려하면 생각했던 온프레미스의 장점을 얻기 힘든 상황이 되고 있습니다.

그리고 시스템 장애와 관련해 '온프레미스는 장애에 대한 대처를 시각화하기 쉽다'고 하는데, 분명 '장애가 발생한 후'라면 그럴 수 있습니다. 단, 클라우드를 이용하는 경우 **적절한 설계를 수행했다면 애초에 장애가 발생하기 어렵다**는 장점을 얻을 수 있습니다.

그 외에도 서버 증설이나 스토리 증설과 같은 요구에 대한 민첩성은 온프레미스 하드웨어 조달로는 누릴 수 없는 장점입니다.

클라우드는 **인프라스트럭처 부분을 가상화/리소스화해서 개인/기업을 불문하고 전 세계 사용자가 이용할 수 있는 서비스**입니다. 클라우드가 뛰어난 것은 사용량 증가에 따른 비용 절감뿐만 아니라 조달의 우위성, 장애에 대한 내성 향상, 확장성 담보, 버전 업그레이드나 추가된 신기능을 빠르게 사용할 있는 민첩성, 무엇보다 이와 관련된 모든 운용을 클라우드 공급사 측에서 담당한다는 점입니다. 간단하게 전 세계 사용자들의 **인프라스트럭처 관리 비용을 절감**시키기 때문에 사용하는 기업은 그 비용이나 인원을 서비스 개발 등의 비즈니스에 집중시킬 수 있습니다.

`1.1.3` 시간에 따른 클라우드 서비스의 변화

클라우드가 처음 등장하던 당시에는 컴퓨팅 리소스, 네트워크, 스토리지와 같이 온프레미스에서 구현할 수 있는 정도의 메뉴로 구성돼 있었지만, 이후 다양한 서비스가 추가되고 업데이트가 빈번하게 이루어졌습니다. 예를 들어 현재 AWS에서는 **매년 2천 건 이상의 버전 업데이트와 기능 개선을 수행**합니다.

클라우드가 제공하는 서비스의 기능도 온프레미스를 가상화한 형태의 것에서부터 리소스의 조합이 IP 주소 등에 의존하지 않는 객체 형태의 것, 소프트웨어 정의software defined를 테넌트tenant 형식으로 제공하는 것, 이제까지의 하드웨어/미들웨어 제품에 의존하지 않는 AWS 서비스(매니지드 서비스), 더 나아가서 AIartificial intelligence, IoTInternet of things, 에지 컴퓨팅edge computing 등 특정 업무 영역의 기반이 되는 것, 이들을 유지 개발하기 위한 구조(CI/CD 등)까지 폭넓은 니즈에 대응할 수 있는 서비스를 원할 때 즉시 이용할 수 있게 됐습니다.

1.2 클라우드를 이용한 시스템 개발

클라우드를 이용한 시스템 개발에서는 하드웨어를 의식할 필요가 없습니다. 하드웨어 고유의 사고방식, 예를 들어 스토리지 접속 방식이나 VLAN 할당과 같은 개념은 클라우드에서는 등장하지 않거나 다른 것으로 대체됩니다. 설계 시 고려해야 할 포인트가 크게 달라졌으므로 개발 경험이 다른 엔지니어가 모인 현장에서는 큰 영향을 미칩니다.

이번 절에서는 현재 시스템 개발 현장에서 일어나고 있는 세대 간 격차를 간단하게 소개한 후, 클라우드의 등장이 IT 시장에 어떤 영향을 주었는지 정리해보겠습니다.

1.2.1 개발 현장의 상황

◖◗ 온프레미스 경험 세대와 클라우드 네이티브 세대

여러 사람이 시스템을 개발할 때 가장 곤란한 것은 의사 전달이 생각처럼 잘 이루어지지 않는다는 점입니다. 다양한 경력을 가진 멤버가 모인 팀이나 파트너에게 위탁 등을 수행할 때가 특히 그렇습니다. 클라우드의 등장에 따라 의사소통의 어려움이 한층 더해집니다. 예를 들어 다음과 같습니다.

- 담당자 A: 온프레미스 경험이 풍부하며, 클라우드에 관해 잘 이해하고 있지만 일을 진행할 때는 온프레미스의 감각으로 진행합니다.
- 담당자 B: 클라우드 네이티브 세대이며, Management Console이나 구성도 기반의 지식으로부터 각 서비스를 조합하는 방법으로 진행합니다.

이런 경우 감각적으로, 직관적으로 잘 들어맞지 않는 일도 발생합니다. 필자는 온프레미스를 경험한 세대이지만 최근 몇 년 동안 자사의 멤버나 고객 측의 시스템 담당자가 온프레미스를 모르는 클라우드 네이티브 세대라는 것을 느끼고 상당히 놀랐습니다.

대화 중에 느껴지는 세대 간 차이에 관해 특징적인 예를 들어보면 다음과 같습니다.

컴퓨터(서버)

클라우드 vs. 가상화

인스턴스 크기 vs. CPU 모델명, 코어 수, 하이퍼스레딩 기술 유무

스토리지

객체 전제 vs. DAS, RAID 구성에 따른 유효 실행량, IOPS

네트워크

VPC, WAF, TGW 등의
제공되는 서비스 vs. 레이어, 포트, 대역, VLAN 및 다중화 등의
논리 설정, WAF, 보안 등 경우에 따른 역할

기타

계정과 권한의 역할 vs. 크게 논의되지 않음

이 밖에도 많지만 현재 클라우드를 전제로 하는 시스템 개발은, 그 목적 달성에 맞는 기술의 조합을 온프레미스의 그것과 비교해 **훨씬 짧은 거리로 실현 가능하게 됐다**고 느낍니다. 물론 클라우드라 하더라도 그 뒤에서는 실제 기기에서 작동하는 것을 상상할 수 있으므로, 기존의 개발 방법을 통해 학습한 지식을 활용할 수 있는 부분도 있습니다. 그러나 하나의 서비스를 구현하는 프로세스에 관해서는 간단하게 생각할 수 있게 됐습니다. 바로 이 속도감이 큰 매력이 됐으며, 오늘날 기술자(특히 초심자)들은 당연하게 대응하고, 단축한 시간은 다양한 서비스 향상을 위한 개선과 효율화 수행에 투입할 수 있게 됐으며, 비즈니스 측에서도 새로운 경험을 즉시 반영할 수 있게 됐습니다. 이를 **기존의 사고방식에 따라 개발하면 클라우드를 사용하더라도 속도감은 사라집니다.** '어쨌든 클라우드를 이용하는 것이 목적'이라면 속도감은 다음 단계에서는 좋을 수도 있지만, 결과적으로는 품질에 비해 비용이 많이 들거나, 초보 엔지니어에게 도움을 받아야 하는 단점도 받아들여야 합니다.

◖◗ 클라우드 개발의 속도감을 높이는 사고방식

속도감을 높이고, 한층 가속화하는 과정에서는 변화에 유연하게 대응할 수 있는 엔지니어를 확보해야 합니다. 같은 클라우드 기술자라 하더라도 기존 방법이나 독자적인 방법에 집착하거나, 새로운 사고방식이나 방법에 스트레스를 느끼면 클라우드의 장점을 활용하는 것이 어려워집니다.

사고방식이나 방법이 적절하지 않은 경우로 다음과 같은 예를 들 수 있습니다.

구축하는 시스템의 목적

만들면서 생각	vs.	비즈니스 계획 준수(시스템 비용을 포함한 예산)

목적을 실현하기 위한 구성

PoC 등으로 구현, 리소스의 증감은 나중에 유연하게 대응 가능	vs.	사전 용량 계획, 높은 SLA를 실현하기 위한 시스템 검토

설계/구축

웰-아키텍처well-architecture, CDP 등을 이용해 인프라스트럭처 부분은 즉시 구축하고 애플리케이션 부분은 애자일 개발 등/깃허브나 소스 코드에서의 관리	vs.	실제로 수행할 일을 WBS 등으로 정의하고 체제를 정비해 항목별로 성과를 달성/소스 코드에서의 관리 외에 문서에 매개변수 시트 등을 보관

전자는 클라우드의 특성인 '컴퓨터의 공동 이용'이라는 개념에 맞춘 사고방식이지만, 후자는 **'온프레미스(자사 소유)'라는 사고방식에 맞추려고 하는 것**입니다. 온프레미스의 경우 자사 자산으로 자신들의 서비스를 전용으로 구축/제공/운용하기 때문에 어떻게 하더라도 일회성one-off의 사고방식이 돼 범용성이 없고, 무겁고, 규모가 커지기 쉽습니다. 예를 들어 서비스 수준 협약서service level agreement, SLA 실현을 위해 얼마만큼의 투자를 하는지가 그런 경우입니다. 온프레미스에서는 고려할 수 있는 다중화 등의 대응을 포함시키지만, 클라우드에서는 낮은 레이어(하드웨어에 가까운 부분)의 장애는 클라우드 벤더의 장애이며, 그런 상황에서는 자사의 서비스만 피해받지 않습니다. 사고방식에 따라 SLA 대응이 한정되기 때문에 그 규모나 내용도 단순해집니다. **공동 이용 부분에서**

의 검토는 단축할 가능성이 높습니다.

이처럼 클라우드 개발은 지금까지 업계에 퍼져 있던 사고방식을 변화시키고 있습니다. 이를 이해한 후 클라우드를 이용해야만 그 혜택을 확실하게 누릴 수 있습니다.

1.2.2 클라우드의 등장이 IT 시장에 미친 영향

클라우드의 등장은 IT 시장에 셀 수 없이 많은 영향을 미쳤습니다. 인프라스트럭처를 중심으로 최종 사용자와 애플리케이션 등의 벤더를 둘러싼 환경의 비즈니스가 단숨에 변했습니다.

그림 1-1과 같이 클라우드(AWS)를 중심으로 생각하는 경우, 기업(사용자가 구현하는 시스템)과 클라우드의 관계는 상관없이 하드웨어 벤더는 온프레미스에서 클라우드로 마이그레이션해도 위화감 없이 기능을 이용할 수 있는 제품들을 클라우드에 제공하고, 소프트웨어 벤더는 클라우드에서 즉시 간단하게 서비스를 시작할 수 있는 소프트웨어를 제공합니다. 클라우드 벤더의 비즈니스 모델은 B2B2C가 돼 훌륭한 멋진 에코 사이클을 형성할 수 있습니다.

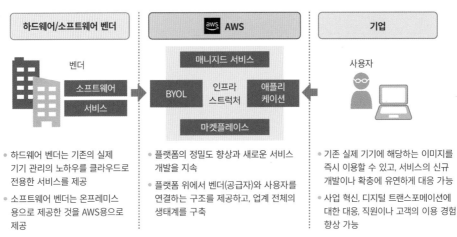

그림 1-1 클라우드 등장에 따른 IT 시장의 변화

이런 흐름 안에서 오늘날의 시스템 개발은 주로 다음 형태들 중 하나에 해당합니다.

- 기존(온프레미스) 시스템을 클라우드로 마이그레이션합니다.
- 처음부터 클라우드에서 시스템을 구현하려 합니다.

특히 디지털 트랜스포메이션digital transformation, DX 등의 키워드를 기반으로 이제까지 없는 가치를 기술로 표현/제공하는 대응이 많을 것이라고 생각합니다.

여기에서 몇 가지 시스템 개발의 트렌드에 관해 살펴보겠습니다.

◖◗ SaaS를 이용한 개발

시스템 개발의 변화의 하나로 **SaaS**(서비스형 소프트웨어)software as a service를 이용한 개발이 있습니다.

일례로 뛰어난 **BI**(비즈니스 인텔리전스)business intelligence 도구인 다양한 SaaS가 출시됐습니다. 이들은 데이터를 처리하는 단계에서 딥러닝을 수행해, 일정한 판단을 내리게 할수도 있게 됐습니다. 흔히 말하는 AI에 가까운 형태입니다. 처리 결과는 BI 도구에서 유연하게 배치 및 표현할 수 있습니다. 데이터를 처리하기 전에는 데이터를 축적해야 합니다. 이렇게 축적된 데이터는 데이터 레이크data lake 등으로 불리며, 대부분 이러한 작업은 다양한 포맷의 데이터를 축적하고 형태를 정리하는 프로세스가 됩니다.

이런 시스템은 업무 설계나 요건 정의 등에서 시작하는 것이 아니라, **PoC(개념 증명)** proof of concept **등으로 데이터의 흐름과 표시를 확인하고, 단숨에 구축**하기도 합니다. 이런 개발 스타일은 기존 개발 방법에서는 거의 없던 것입니다. 애초에 회사의 시스템 부분이 뛰어나지 않은 실현할 수 없고, 설사 실현되더라도 유지 및 운용까지는 어려웠을 겁니다.

한편 뛰어난 분석을 실현하고 즉시 결과를 다양하게 표현하는 BI 시스템은 경영 부문이나 기획/영업 부문에서 보면 기업의 판단 폭을 넓히고 사업과 직결될 가능성이 있으므로 흥미를 가질 것입니다. 그렇기 때문에 이러한 시스템 개발 스타일에 대응할 수 있는지가 기업에 매우 중요합니다.

◐◑ 스마트폰 애플리케이션의 '지속 개발' 사고방식

시스템 개발과 관련된 변화 중 하나로 모바일 애플리케이션 등 최종 사용자가 직접 만져서 표시되는 시스템에서의 지속 개발 사고방식을 예로 들 수 있습니다.

스마트폰 등의 애플리케이션은 대개 애플 혹은 구글의 앱 스토어를 통해 다운로드해 이용하는 형태입니다. 오늘날은 SNS 등을 통한 정보 발신이 무시할 수 없는 영향력을 갖고 있어, 최종 사용자가 이용한 애플리케이션에 오류가 있으면 순식간에 소문이 퍼지고, 결과적으로 기업 가치의 손실로 이어질 가능성이 있습니다. 그렇기 때문에 애플리케이션을 제공하는 기업은 **릴리스 후에도 계속해서 애플리케이션을 수정하거나 기능을 추가합니다.** 그리고 인터넷에서 검색을 하거나 스토어에서의 평판(입소문이나 피드백) 등을 통해 사용자의 목소리를 조사하고, 즉시 개발에 반영해 애플리케이션에 포함해 릴리스합니다. 지속 개발이라는 사고방식은 이제까지 없었던 것입니다. 기존의 온프레미스를 중심으로 한 사고방식에서는 릴리스 날짜가 정해져 있고, 그 전에 리뷰를 실시하고, 릴리스 순서도 결정했습니다. 이렇게 지금까지와 정반대로 보이는 사고방식도 같은 IT 업계에서 표준이 되고 있습니다.

◐◑ 온프레미스에서 클라우드로 리프트 앤 시프트

온프레미스 시스템을 클라우드로 마이그레이션하는 대응도 활발합니다. 하지만 자칫 '클라우드로 마이그레이션하는 것(클라우드를 이용하는 것)' 자체가 목적이 되거나, 운용이 복잡해지거나, 심지어 비용만 들어가기도 합니다. 과거에는 리프트 앤 시프트lift and shift(온프레미스 시스템을 그대로 클라우드로 마이그레이션하는 것) 설계로 온프레미스의 DB 서버를 다중화하는 구조(특정한 미들웨어를 이용해 여러 대의 서버를 하트비트heartbeat로 연결하는 다중화)를 그대로 클라우드에서 설계하는 사례도 있었습니다. 클라우드(AWS)에서는 같은 리전 안에 여러 EC2로 클러스터를 만드는 것보다 **가용 영역**availability zone, AZ에서 Amazon RDS 등을 이용하면서 이용하는 미들웨어를 줄이고 AWS에 맡기는 매니지드 서비스 부분을 제공하기도 합니다. 그렇기 때문에 단순한 리프트 앤 시프트가 아니라, 클라우드의 기능으로 대체할 수 있는 것은 대체하는 등의 고려를 하지 않으면, 그 혜택을 충분히 활용하지 못할 가능성이 있습니다.

●● 온프레미스도 여전히 건재

물론 기존의 온프레미스 구조도 존재합니다. 어떤 이유로든 실제 기기에서 운용해야만 하는 경우가 있으며, 애플리케이션을 변경하거나 개선할 필요가 없고 서비스 중단으로 인한 페널티도 없다면 오히려 클라우드를 사용함에 따라 많은 비용이 들 가능성도 있습니다.

이렇게 클라우드는 서비스를 활용한 시스템 개발이나, 이제까지의 개발 방법을 완전히 바꾸는 등의 변화를 가져왔습니다. 거기에서 생겨난 성과가 새로운 IT 가치(디지털 트랜스포메이션)에 기여하고 있습니다.

1.3 시스템 개발 체제 정비 방법

클라우드가 등장함에 따라 시스템에 필요한 컴퓨팅 리소스를 유연하게 확보할 수 있게 됐습니다. 이것은 시스템을 수시로 개발하거나 확장하는 것을 가능하게 했으며, 시스템 개발 방법의 선택지를 늘렸습니다. 이번 절에서는 폭포수 모델과 애자일 개발의 차이를 이해하고, 클라우드 시대의 시스템 개발 체제에 관해 생각해봅시다.

1.3.1 시스템 개발 방법 선택

시스템을 구축하기 위해서는 개발 방법을 선택해야 합니다. 시스템 개발 방법에는 몇 가지 있습니다. 여기에서는 폭포수 모델과 애자일 개발, 두 종류에 관해 살펴보겠습니다. 각각 장단점이 있으므로 시스템 규모나 내용, 개발 체제 등에 따라 선택하도록 합니다.

◖◗ 폭포수 모델

폭포수 모델waterfall model은 오래전부터 존재하던 방법으로 개발 공정을 **요건 정의, 설계, 개발, 테스트 순으로 수행하는 개발**입니다(그림 1-2의 위). 요건 정의에서 결정한 요건에 맞춰 설계를 수행하고, 설계에 따라 개발하고, 설계대로 만들어졌는지 테스트를 하는 방식이며 앞의 공정에서의 결정에 따라 뒤 공정을 진행하기 때문에 물이 흐르는 형태에 빗대어 폭포수 모델이라는 이름이 붙여졌습니다.

폭포수 모델의 장점은 개발 공정의 흐름이 명확하기 때문에 개발 기간이나 필요한 인원 수 등을 계획 및 관리하기 쉽다는 점, 요건을 최초에 확정하기 때문에 만드는 대상이 명확하고 품질을 보증하기 쉽다는 점 등을 들 수 있습니다. 한편 단점은 개발 도중에 요건을 변경할 수 없다는 점입니다. 요건이 변경되면 재작업이 커지고, 막대한 공수가 들기 때문입니다.

⬤ 애자일 개발

또 다른 개발 방법인 **애자일 개발**agile development은 **1~2주 정도의 단위로 요건 정의, 설계, 개발, 테스트를 수행하는 이터레이션**iteration**을 반복하면서 시스템을 개발**합니다 (그림 1-2의 아래).

개발 내용을 작게 하여 요건 변경에 유연하게 대응할 수 있는 것이 장점입니다. 그렇다고 해서 **요건을 무한정 변경할 수 있는 것은 아니며, 개발 초기에 어느 정도 정책은 결정해야 합니다.** 단점은 동적으로 변경되는 것으로, 개발 비용이나 일정 추정이 어렵다는 것입니다. '애자일=얼마든지 요건을 변경할 수 있다'고 생각한다면 사양이 점점 변경돼 초기 개발 규모로는 도저히 만들 수 없는 시스템이 되기 쉽습니다.

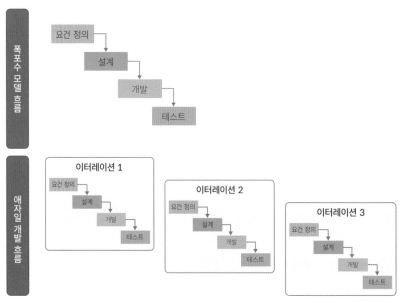

그림 1-2 폭포수 모델(위)과 애자일 개발(아래)의 차이

⬤ 두 가지 개발 방법 중 무엇을 선택할 것인가?

두 가지 개발 방법을 고층 빌딩과 강아지집을 짓는 경우로 예를 들어 이미지를 그려봅시다(그림 1-3). 고층 빌딩을 완성하려면 오랜 시간과 많은 사람이 투입되며, 다시 짓기 어렵기 때문에 사전에 요건 및 설계를 확실하게 결정합니다. **실제로 건축이 시작되는 단계부터는 층수를 늘리거나 배치를 바꾸는 등의 요건 변경은 받아들일 수 없습니다.** 무사히 완성한 빌딩은 오랫동안 사용될 것입니다. 이처럼 요건이 어느 정도 고정된 대규모 개발에는 폭포수 모델 방법이 적합합니다.

한편 강아지 집을 지을 때는 혼자서도 며칠 만에 완성할 수 있고, 지으면서 입구를 바꾸는 등 **크게 설계를 변경해도 문제가 되지 않습니다.** 또한 강아지의 성장에 맞춰 집을 다시 짓기도 쉽습니다. 요건이 결정돼 있지 않은 경우에는 애자일 개발 방법이 적합합니다.

정리하면 다음과 같습니다.

폭포수 모델이 적합
- 개발하는 인프라스트럭처나 애플리케이션 사양이 결정된 경우
- 애플리케이션이 모놀리식 아키텍처(2.1.1절 참조)이고, 세분화할 수 없는 경우

애자일 개발이 적합
- 사양이 유동적으로 변경되는 경우
- 개발하는 애플리케이션을 분할해서 개발할 수 있는 마이크로서비스 아키텍처(2.1.1절 참조)인 경우

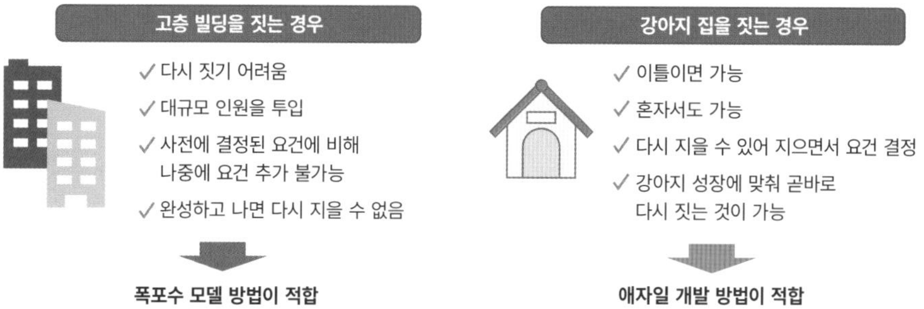

고층 빌딩을 짓는 경우
✓ 다시 짓기 어려움
✓ 대규모 인원을 투입
✓ 사전에 결정된 요건에 비해 나중에 요건 추가 불가능
✓ 완성하고 나면 다시 지을 수 없음

폭포수 모델 방법이 적합

강아지 집을 짓는 경우
✓ 이틀이면 가능
✓ 혼자서도 가능
✓ 다시 지을 수 있어 지으면서 요건 결정
✓ 강아지 성장에 맞춰 곧바로 다시 짓는 것이 가능

애자일 개발 방법이 적합

그림 1-3 애자일 개발(왼쪽)과 폭포수 모델(오른쪽) 방법을 건축으로 비유

클라우드에서의 시스템 개발에는 폭포수 모델과 애자일 개발 중 어떤 것이 적합할까요? 클라우드가 등장하기 전의 시스템 개발에서는 시스템이 처리하는 업무량에 맞춰 서버 사양이나 스토리지 용량을 결정하고, 발주한 후 시스템을 설계 및 구축해야 했습니다. 요건을 유동적으로 바꾸기가 매우 어려웠기 때문에 폭포수 모델 방법을 널리 사용했습니다. 클라우드의 등장으로 가상 서버나 스토리지라는 시스템 리소스를 즉시 조작할 수 있게 되면서, 요건이 변하더라도 영향이 거의 없어 애자일 개발 방법으로 시스템을 개발하게 됐습니다.

그렇다면 '클라우드에서의 시스템 개발은 모두 애자일 개발로 수행하는가?' 하고 묻는다면 대답은 '아니오'입니다. 앞에서 설명한 것처럼 폭포수 모델, 애자일 개발 방법은 각각 장단점을 갖기 때문에 만드는 시스템에 맞춰 선택해야 합니다. 극단적인 예이지만, 클라우드이므로 애자일 개발을 진행하다가 개발 막바지 단계에서 온프레미스 데이터센터와 연결하고 싶다는 요구가 발생한다면, 네트워크 구성을 크게 변경해야만 하는 대규모 재작업이 발생합니다. 클라우드라 하더라도 나중에 변경이 어려운 설정이나 사양이 존재하며, 조건 없이 항상 요건을 바꿀 수 있는 것은 아닙니다. 일반적으로는 금융계나 공공계열의 대규모 시스템에서는 폭포수 모델 방법, 유행 변화가 심한 웹 계열 개발에는 애자일 개발 방법이 적합하다고 알려져 있습니다. 물론 대규모 개발에서도 애자일 개발을 실천하는 시스템도 있으며, 웹 계열 개발이라 해서 폭포수 모델 방법을 전혀 사용하지 않는 것은 아닙니다.

●● 폭포수 모델과 애자일 개발을 조합한 개발

마지막으로 폭포수 모델과 애자일 개발을 조합해 개발을 수행하는 경우를 소개합니다. **인프라스트럭처 부분은 폭포수 모델, 애플리케이션 부분은 애자일 개발**을 적용하고 상호 개발의 차이를 이해하고 받아들이면 두 가지 개발 방법의 장점을 얻을 수 있습니다. 앞에서 예를 들었던 고층 빌딩 건축에 비유하면, 건물 그 자체는 폭포수 모델 방법, 각 층의 내장 부분은 애자일 개발 방법을 적용하는 이미지입니다(그림 1-4).

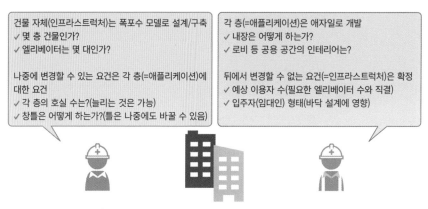

그림 1-4 폭포수 모델(왼쪽)과 애자일 개발(오른쪽)을 조합한 개발

인프라스트럭처팀은 인프라스트럭처 개발에 관해 나중에 변경할 수 없는 요건을 애플리케이션팀에게 전달하고 요건을 확정합니다. 애플리케이션팀은 유동적으로 변할 수 있는 요건을 인프라스트럭처팀에게 전달하고, 인프라스트럭처팀은 요건이 확정되는 대로 순차적으로 개발함과 동시에, 요건 확정을 위한 데드라인을 애플리케이션팀에게 전달합니다. 필자가 일하는 회사에서는 이 방법으로 클라우드 **개발팀 30여 명에 대해 인프라스트럭처팀 두 명** 정도의 체제로 시스템을 개발합니다.

1.3.2 개발팀 분리에 관한 사고방식

⬤⬤ 대규모 시스템 개발 현장에서의 개발팀 분리의 변화

온프레미스에서의 대규모 시스템 개발의 경우, 네트워크 기기나 스토리지 제품 등 하드웨어 제품을 조달하고, 그 안에 운영체제를 설치하고 애플리케이션을 구축합니다. 각 제품을 설계하기 위한 전문가 및 시스템 운용이나 보안팀 등이 프로젝트에 참가해야 했습니다. 그렇게 되면 개발 체제는 필연적으로 각 전문가가 모인 팀으로 구성됩니다. 전문가들이 모여 의논하면서 설계를 진행하므로 좋은 설계가 될 것이라고 생각되지만, 시스템 개발 전체를 생각하면 팀을 가로지르는 커뮤니케이션은 오버헤드 또는 커뮤니케이션 오류에 의한 문제의 온상이 됐습니다. 이것은 시스템 개발 현장이 클라우드로 변했어도 마찬가지입니다(그림 1-5).

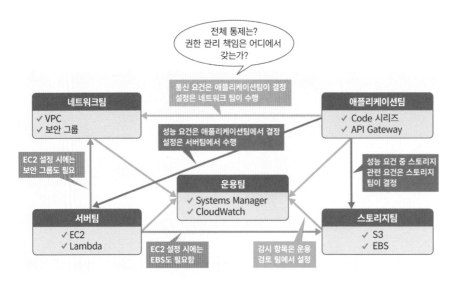

그림 1-5　전문 분야별로 팀을 나누면 커뮤니케이션이 과제가 된다.

클라우드의 강점으로 데이터 센터와 하드웨어가 고도로 가상돼 있기 때문에, 몇 번의 클릭만으로 필요한 자원을 조달할 수 있다는 점이 있습니다. 이것은 **하드웨어에 대한 고도의 전문 지식을 갖고 있지 않더라도 시스템 설계 및 구축을 할 수 있음**을 의미합니다(물론 클라우드에 관한 전문 지식은 필요합니다). 여기에서 인프라스트럭처, 애플리케이션, 운용 등의 담당 부문의 커뮤니케이션상의 과제를 해결하기 위해 전문 단위가 아니라 시스템 단위로 팀을 구분하고 그 안에서 인프라스트럭처, 애플리케이션, 운용 등의 담당자가 협업하는 것을 생각할 수 있습니다. 각 시스템 담당자들이 시스템 설계, 구현, 운용 설계에 대한 일관된 책임을 갖습니다. 하나의 팀에서 작업하게 되면 인프라스트럭처 담당자는 애플리케이션을 이해하고, 애플리케이션 담당자는 운용을 이해하는 형태로 **자신의 담당 영역을 넘어 시스템 전체의 이미지를 파악하면서 개발을 수행**하므로 커뮤니케이션 과제가 해소되는 것을 기대할 수 있습니다.

또한 시스템 단위만으로 팀을 배치하면 전체적인 통제가 어려워질 가능성이 있습니다. 그렇기 때문에 전체 거버넌스팀을 별도로 배치하고, 각 팀에 대한 권한 부여나 보안 및 개발 가이드라인 등을 책정해서 각 팀에 배포하도록 합니다.

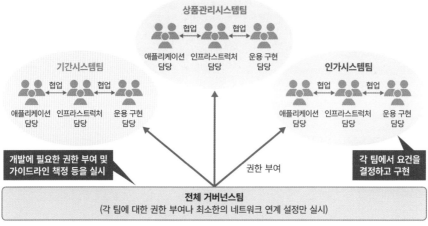

상품관리시스템팀

협업   협업

애플리케이션   인프라스트럭처   운용 구현
담당   담당   담당

기간시스템팀

협업   협업

애플리케이션   인프라스트럭처   운용 구현
담당   담당   담당

인가시스템팀

협업   협업

애플리케이션   인프라스트럭처   운용 구현
담당   담당   담당

개발에 필요한 권한 부여 및
가이드라인 책정 등을 실시

권한 부여

각 팀에서 요건을
결정하고 구현

전체 거버넌스팀
(각 팀에 대한 권한 부여나 최소한의 네트워크 연계 설정만 실시)

그림 1-6 시스템 단위로 팀을 나눠 커뮤니케이션 과제를 해소한다.

시스템 개발 내용에 따라서는 **OS 계층을 기준으로 인프라스트럭처와 애플리케이션으로 팀을 나누는 방법**도 있습니다. 클라우드 계정 취득에서 네트워크 설계, OS 계층의 설정까지 모두 인프라스트럭처팀에서 담당하면서 불필요한 오버헤드를 없애는 것에 특화돼 있습니다. 그때 애플리케이션팀과는 사전에 범위를 맞추고, 설계 사상에 관해 합의합니다. 클라우드도 구성부터 재작업하면 오랜 시간이 걸리며, 서버가 추가되면 프로젝트 예산이 부족해질 리스크도 있습니다. 그렇기 때문에 애플리케이션팀이 이용하고 싶은 OS나 프로토콜, 시스템 성능 요구사항 등 비기능 요건에 관해 합의하고 **큰 재작업이 발생하지 않는 상황**을 만듭니다. 그렇게 함으로써 인프라스트럭처팀은 매우 적은 인원으로도 기반을 제공할 수 있습니다.

시스템의 규모나 특성, 신규 개발인가 기존 시스템을 클라우드로 마이그레이션하는가에 따라서도 시스템 개발 체제에 요구되는 것이 달라집니다. 원만한 프로젝트 추진을 위해서도 시스템 개발 체제에 몇 가지 패턴이 있다는 것을 알아두는 것이 좋습니다.

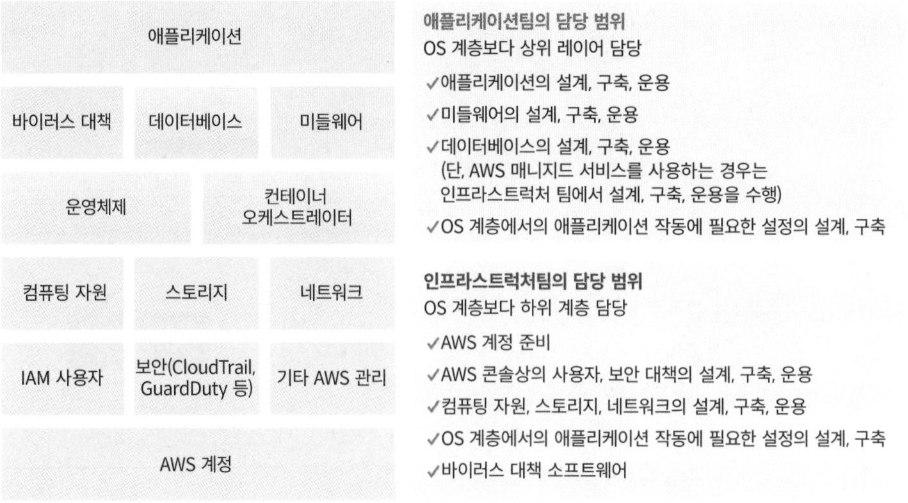

애플리케이션		
바이러스 대책	데이터베이스	미들웨어
운영체제		컨테이너 오케스트레이터
컴퓨팅 자원	스토리지	네트워크
IAM 사용자	보안(CloudTrail, GuardDuty 등)	기타 AWS 관리
AWS 계정		

애플리케이션팀의 담당 범위
OS 계층보다 상위 레이어 담당

✓애플리케이션의 설계, 구축, 운용

✓미들웨어의 설계, 구축, 운용

✓데이터베이스의 설계, 구축, 운용
 (단, AWS 매니지드 서비스를 사용하는 경우는
 인프라스트럭처 팀에서 설계, 구축, 운용을 수행)

✓OS 계층에서의 애플리케이션 작동에 필요한 설정의 설계, 구축

인프라스트럭처팀의 담당 범위
OS 계층보다 하위 계층 담당

✓AWS 계정 준비

✓AWS 콘솔상의 사용자, 보안 대책의 설계, 구축, 운용

✓컴퓨팅 자원, 스토리지, 네트워크의 설계, 구축, 운용

✓OS 계층에서의 애플리케이션 작동에 필요한 설정의 설계, 구축

✓바이러스 대책 소프트웨어

그림 1-7 애플리케이션팀(오른쪽 위)과 인프라스트럭처팀(오른쪽 아래)을 나누는 경우의 담당 범위

2

아키텍처링에 관한
사고방식

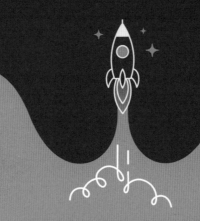

클라우드 시스템의 전체 이미지를 검토할 때 이용할 수 있는 사고방식 및 참조할 수 있는 문서가 있습니다. 클라우드에서 이용할 수 있는 서비스의 특징에 관해 올바르게 이해하고, 적절한 것을 선정해봅시다.

2.1 아키텍처링의 필요성

비즈니스 목적을 달성하기 위해 시스템 개발을 기획하려면 예산 확보, 시스템 구현 타당성 평가 등 사전 준비가 필요합니다. 이를 위한 입력으로, 이용하는 기술/서비스를 선정하고 시스템의 전체 이미지(아키텍처)를 결정하는 것을 이 책에서는 **아키텍처링**architecturing이라 부릅니다. 이번 절에서는 먼저 아키텍처 패턴을 정리하고, 아키텍처링을 통해 알 수 있는 것이 무엇인지 살펴봅시다.

2.1.1 아키텍처 패턴

시스템의 아키텍처를 검토하기에 앞서 아키텍처 패턴에 관해 정리합시다. 크게 다음 세 가지 패턴이 있습니다.

- 모놀리식 아키텍처
- 서비스 지향 아키텍처
- 마이크로서비스 아키텍처

◖◗ 모놀리식 아키텍처

과거에는 **하나의 독립한 애플리케이션에서 비즈니스 로직을 진행하는 시스템 구성**이 주류였습니다. 이 구성을 **모놀리식 아키텍처**monolithic architecture라 부릅니다. 모놀리스monolith란 커다란 하나의 바위를 의미하며, 그 이름대로 하나의 애플리케이션에서 여러 기능을 제공합니다.

모놀리식 아키텍처의 장점으로 비즈니스 로직을 집약해서 하나로 모았기 때문에, 배포나 디버깅이 용이하다는 점을 들 수 있습니다. 한편, 하나로 모은 것이 단점이 되기도 합니다. 부분적인 에러가 전체에 퍼져서 작동을 정지시키거나, 경미한 수정을 하더라도 애플리케이션 전체를 배포해야 합니다. 그리고 특정 기능 부분에 부하가 걸려 확장하고 싶은 경우에도 애플리케이션 전체를 확장해야만 하기 때문에 수용량에 낭비가 발생합니다.

◖● 서비스 지향 아키텍처

이러한 모놀리식 아키텍처의 단점과 비즈니스 로직의 복잡화로 인해 **여러 애플리케이션과 시스템에서 비즈니스 로직을 제공하는 시스템 구성**을 고려하여 개선한 것이 바로 **서비스 지향 아키텍처**service oriented architecture입니다. 서비스 지향 아키텍처에서는 엔터프라이즈 서비스 버스enterprise service bus를 경유해서 서비스끼리 연동합니다. 이로 인해 특정 서비스를 확장하는 것이 용이해졌습니다. NASA(미국 항공 우주국)에서도 채용한 시스템입니다(참고 2-1). 하지만 서비스 호출 변환과 워크플로 처리가 복잡해지고, 수정 시에는 모놀리식 아키텍처와 마찬가지로 애플리케이션 전체를 변경해야만 했습니다.

참고 2-1 엔터프라이즈에서의 서비스 지향 아키텍처 구축
https://blogs.nasa.gov/NASA-CIO-Blog/2009/04/18/post_1240094600083/

◖● 마이크로서비스 아키텍처

서비스 지향 아키텍처와 마찬가지로 **비즈니스 로직을 세분화해서 각 서비스로 만든 아키텍처**로 **마이크로서비스 아키텍처**microservice architecture가 등장했습니다. 마이크로서비스 아키텍처에서 개별 서비스들은 APIapplication programming interface를 경유해 통신합니다. 서비스 지향 아키텍처보다 한층 세분화하여 개별 서비스를 독립적으로 유지보수할 수 있습니다. 그렇기 때문에 수정이 필요할 때도 대상 서비스에 대해서만 수정 코드를 배포해서 완료할 수 있게 됐습니다.

세 가지 아키텍처를 그림으로 나타내면 그림 2-1과 같습니다. 모놀리식 아키텍처가 되는 경우는 주로 엔터프라이즈 애플리케이션으로서 작동시키길 원하거나 온프레미스에서 작동하던 애플리케이션을 그대로 클라우드로 이동하는 것입니다. 이는 애플리케이션의 기능을 세분화하기 어려운 경우가 많기 때문입니다. 서비스 지향 아키텍처는 **데이**

터베이스를 공유하고 있기 때문에, 데이터 동기 등의 처리가 불필요하게 됩니다. 복잡한 데이터 처리를 수행하는 시스템에 적합하다고 말할 수 있습니다. 마지막으로 마이크로 서비스 아키텍처는 서비스 지향 아키텍처에 비해 보다 세분화돼 있으므로, 데이터 간 연계가 어렵고 **각각의 데이터베이스에서 데이터 내용이 중복되는 것**이 있습니다. 클라 우드 최적화를 진행하는 프로젝트의 경우, 데브옵스DevOps를 통한 지속적인 애플리케 이션 개발을 수행하는 경우, 기능별로 성능을 확장하고자 하는 경우 등에 적합합니다. 구체적으로 게임이나 웹 애플리케이션이라면 마이크로서비스 아키텍처가 최적이라고 말할 수 있습니다.

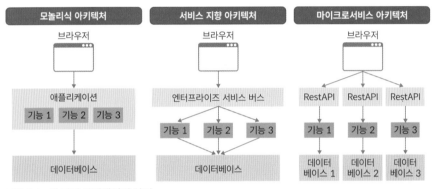

그림 2-1 세 가지 아키텍처의 차이

시스템 아키텍처링의 사고방식을 기반으로 클라우드에서 구축할 시스템을 구체적으로 어떤 AWS 서비스를 사용해 만들 것인지 생각해봅시다. 모놀리식 아키텍처라면 한 대 의 거대한 가상머신virtual machine, VM에 웹 애플리케이션과 데이터베이스 등을 설치하거 나 웹서버와 DB 서버로 구성됩니다. 서비스 지향 아키텍처라면 시스템 기능별로 컨테이 너화해서 데이터베이스를 배포하는 구성을 생각할 수 있습니다. 마이크로서비스 아키 텍처라면 각각의 기능을 컨테이너 서비스container service나 FaaS(서비스형 함수)function as a service에 구현하고, 각 기능을 위한 DB 서버를 준비합니다.

마이크로서비스 아키텍처의 구체적인 예를 'Hoge 샘플 회사' 웹사이트를 사용해 확 인해봅시다. Hoge 샘플 회사의 웹사이트가 그림 2-2와 같이 다섯 개의 기능을 가지고

있는 경우, 표 2-1과 같이 다섯 개의 하위 도메인으로 나누고, 각 하위 도메인이 '기능'
이 됩니다.

그림 2-2 웹사이트 예

표 2-1 기능별로 하위 도메인을 나눈다.

웹사이트 기능	도메인 설계	URL
메인	도메인	https://hogesample.com/
사이드 메뉴	도메인	https://side.hogesample.com/
기사	도메인	https://article.hogesample.com/
로그인	도메인	https://login.hogesample.com/
설문 조사	도메인	https://an.hogesample.com/
기업 정보	도메인	https://about.hogesample.com/

필요에 따라 AWS 계정을 분리해 개발 체제를 정비하면, 마이크로화된 서비스별로 CI/
CD 등과 같은 지속 개발, 오류 최소화와 즉시 대응, 캠페인 등의 일시적인 트래픽 분리,
신용 카드 정보와 외부 API로의 접속, 중요 정보를 처리하는 기능들을 분리할 수 있습
니다. 그리고 각각의 중요도에 따라 내부에서 대응하거나 외부에 위탁하거나 별도로 대
응하지 않는 등의 판단도 가능해집니다.

2.1.2 아키텍처링에서 알 수 있는 것

시스템 아키텍처를 고려하면 다음에 관해 알 수 있습니다.

◐ 대략의 비용

시스템을 AWS로 만들 가장 먼저 필요한 정보는 **AWS에서 시스템을 가동시키면 어느 정도의 비용이 드는가?**입니다. 대략의 비용을 산출하기 위해서는 'AWS 서비스 중 무엇을 얼마나 배치하는가?', '얼마나 자주 이용하는가?' 등의 변수가 필요합니다. 어떤 아키텍처로 만드는가에 관해 생각하게 되면서 이용할 AWS 서비스를 구체적으로 어떻게 배치할 것인지 미리 선택할 수 있습니다.

초기 단계에서는 자세한 이용 조건 등을 알 수 없으므로 '24시간 내내 작동', '시간당 처리 건수는 ○○건' 등을 같은 조건을 가정해서 계산하게 됩니다. 그리고 비용뿐만 아니라 클라우드의 장점도 있으므로, 단순히 온프레미스 서버 비용과 클라우드의 운영 비용을 비교하지 않도록 주의해야 합니다(8.1절에서 설명).

◐ 마이그레이션 방식

온프레미스에서 AWS로 마이그레이션하는 경우, AWS상의 아키텍처를 결정해두지 않으면 사용할 **마이그레이션**migration 방식도 결정할 수 없습니다. 마이그레이션 방식에 따라 시스템에서 작동시키고자 하는 OS 혹은 애플리케이션이 작동하지 않게 되거나, 원하는 방식으로 시스템 전환을 하지 못하는 리스크가 발생합니다. 그리고 마이그레이션하는 것은 시스템뿐만이 아닙니다. 시스템 보수 운용 방식도 클라우드로 마이그레이션하기 때문에, 기존의 보수 운용 업무 중 그대로 활용할 수 있는 것과 변경해야 하는 것을 정리해야 합니다. 경우에 따라서는 운용 업무가 완전히 바뀌어 비즈니스에까지 영향을 주기도 합니다.

◐ 보안과 가용성

아키텍처는 보안과 가용성에도 영향을 미칩니다. 예를 들어 컴퓨팅 리소스로서 가상 머신 서비스인 EC2를 이용하는 경우와 코드 실행 서비스인 AWS Lambda를 이용하는 경우, 실시해야 할 보안 대책과 가용성 대책은 다음과 같이 달라집니다.

EC2를 이용하는 경우

- OS 계층의 보안 대책을 이용자가 수행해야 합니다.
- EC2를 여러 가용 영역에 배치해서 가용성을 확보하는 등의 설계/구현을 이용자가 수행해야 합니다.

AWS Lambda를 이용하는 경우

- OS 계층의 보안 대책은 AWS의 책임이며 이용자가 수행할 필요가 없습니다.
- 리전 서비스이므로 가용 영역 단위에서의 가용성 설계를 이용자가 수행할 필요가 없습니다.

2.2 클라우드 아키텍처 검토

이전 절에서 시스템 아키텍처의 일반론에 관해 소개했습니다. 그럼 클라우드에서 시스템을 구축하는 경우에는 어떤 패턴이 있을까요? 이 책에서는 이후 클라우드의 어떤 서비스를 어떻게 연결해 시스템을 구현하는가를 **클라우드 아키텍처**cloud architecture라 부릅니다.

2.2.1 IaaS Only

이른바 가상머신을 활용하는 시스템 아키텍처를 사용하면서 이용자는 OS 설정과 미들웨어 선정 등을 원하는 대로 조합할 수 있습니다. 클라우드로의 마이그레이션 패턴에는 몇 가지가 있습니다. 온프레미스에서의 사고방식에 가깝기 때문에 클라우드 이전 시 가장 많이 선택되는 아키텍처입니다.

OS 계층 상단을 이용자가 책임지고 설정합니다. 자유도가 높은 반면 **OS 패치 적용 등을 이용자가 수행해야 합니다.** 그리고 가용성을 확보하려면 **이용자가 OS와 미들웨어의 기능을 설정해야 하기 때문에** 시스템 구축에 노력이 들어갑니다. 한편 온프레미스에서의 시스템 개발 경험을 가진 사람이라면 노하우를 그대로 이용할 수 있으므로, 처음 클라우드에서 시스템을 구축하는 경우 선택하기 쉬운 아키텍처라 할 수 있습니다.

2.2.2 매니지드 서비스 활용

AWS에서 시스템을 구축할 때 반드시 활용하고 싶은 것이 **매니지드 서비스**managed service라 불리는 것으로, **OS 및 미들웨어 설정/운용을 AWS에서 수행해주는 서비스입**니다. OS 및 미들웨어의 패치 적용분만 아니라 가용성 확보 및 백업 등이 서비스로 제공되므로 이용자는 이용하고 싶은 기능을 활성화하기만 하면 됩니다.

매니지드 서비스 또한 카테고리에 따라서 여러 가지가 제공되기 때문에, 선택하기 어려운 경우도 있습니다. 예를 들어 컨테이너를 이용하고 싶다면 Amazon EKS, Amazon

ECS, AWS App Runner 중에서 선택할 수 있습니다.

- **Amazon EKS**

  쿠버네티스를 사용해 컨테이너를 관리할 수 있는 컨테이너 오케스트레이션 서비스로, 컨트롤 플레인_{control plain}을 매니지드 서비스로 제공합니다.

- **Amazon ECS**

  AWS가 제공하는 컨테이너 오케스트레이션 서비스로, AWS가 개발했기 때문에 다른 AWS 서비스와의 친화성이 높습니다.

- **AWS App Runner**

  매니지드 컨테이너 서비스인 동시에 컨테이너 적용에 관련된 AWS 서비스(예를 들어 로드 밸런서나 컨테이너 실행 장소인 데이터 플레인 등)를 이용자는 전혀 의식할 필요가 없습니다.

이렇게 컨테이너 서비스 하나만으로도 세 가지 종류의 서비스가 제공되며, 어떤 것을 선택하는지에 따라 개발 기간이나 운용 부하 감소 효과, 학습 비용 등에 영향을 미칩니다. 그리고 기술적인 제약도 각각 존재하므로, **먼저 각 서비스 간의 차이를 확인한 후 실제로 조작해보면서 그 차이를 평가해둘 것**을 권장합니다.

장점이 많은 매니지드 서비스이지만 단순하게 비용면으로만 보면 **가상머신보다 비용이 높아지고, OS 및 미들웨어 설정을 이용자가 변경할 수 없기 때문에** 요건에 따라서는 매니지드 서비스를 선택하지 못할 수도 있습니다. 물론 매니지드 서비스를 이용하면서 패치 적용 등의 보수 작업이 불필요해지고, 가용성이나 보안에 대한 설계/구현 비용을 줄일 수 있으므로 전체 비용 관점을 고려해 선택을 결정합니다.

2.3 | 클라우드 아키텍처 참고 자료

막상 클라우드 아키텍처를 고려하자고 해도 어떻게 고려해야 할지 모르겠거나 고려 사항에 누락이 없는지 불안하다고 여길 수도 있습니다. 이번 절에서는 클라우드 아키텍처를 고려할 때 참고할 수 있는 프레임워크 및 모범 사례 자료를 소개하겠습니다.

2.3.1 AWS Well-Architected Framework

아키텍처링 참조 자료로서 먼저 손에 꼽을 수 있는 것이 AWS가 제공하는 모범 사례 모음인 **AWS Well-Architected Framework**입니다. AWS Well-Architected Framework 는 **AWS 설루션 아키텍트**AWS solution architect가 오랜 시간 다양한 업종과 유스 케이스use case를 통해 아키텍처의 설계와 리뷰를 수행한 경험을 기반으로 축적된 모범 사례 모음 입니다. **운영 우수성, 보안, 안정성, 성능 효율성, 비용 최적화, 지속 가능성**이라는 여섯 가지 관점에서 시스템 아키텍처가 클라우드에 최적화됐는지 평가할 수 있습니다.

AWS 매니지드 콘솔에서 이용할 수 있는 **AWS Well-Architected Tool**을 이용해 여섯 가지 분야에서 권장 사항을 따르는지 질문에 대답하는 형식으로 점수를 매길 수 있습니다. 점수를 매긴 결과를 기반으로 부족한 설계 포인트를 개선 및 수정하거나 리스크를 감수할지 판단합시다. 자세한 내용은 3.3.1절에서 설명합니다.

참고 2-2   **AWS Well-Architected Framework**
https://docs.aws.amazon.com/ko_kr/wellarchitected/latest/framework/welcome.html

◖◗ 기타 도구

AWS Well-Architected Framework 프레임워크에는 모범 사례 구현을 경험할 수 있는 AWS Well-Architected Labs, 특정 업계나 기술 영역에 특화된 AWS Well-Architected Lens도 있습니다.

● **AWS Well-Architected Labs**

AWS Well-Architected Framework의 여러 확인 항목을 확인하면 구현하는 편이 좋다고 느끼지만, AWS에 설정하는 방법을 알 수 없는 것도 있습니다. 이때 **AWS Well-Architected Labs**(참고 2-3)은 실제로 실습을 통해 AWS에서의 설정 방법을 학습할 수 있습니다.

참고 2-3 **AWS Well-Architected Labs**
https://www.wellarchitectedlabs.com/

● **AWS Well-Architected Lens**

AWS Well-Architected Framework는 시스템 개발에 있어 모범 사례를 제공합니다. 하지만 금융 업계용 시스템에는 보다 엄격한 감사 조건이 있고, 머신러닝machine learning, ML이나 고성능 컴퓨팅을 활용하고자 하는 시스템의 경우 일반적인 모범 사례로 커버하기 어려울 것입니다. **AWS Well-Architected Lens**는 이런 업계 및 기술에 맞춰 모범 사례를 집약한 것입니다. 일반적인 AWS Well-Architected Framework에 더해 AWS Well-Architected Lens를 활용하면서 특정 영역에 특화한 시스템에서도 평가를 수행할 수 있습니다.

2.3.2 AWS 백서 및 안내서

AWS가 제공하는 문서인 AWS 백서 및 안내서(참고 2-4)도 정보로서 활용할 수 있습니다. **AWS 백서 및 안내서**에는 기술 백서나 기술 가이드는 물론 참고 자료, 참조 아키텍처 다이어그램 등 폭넓은 정보들이 모여 있습니다. 그리고 AWS Well-Architected Framework도 검색할 수 있습니다. 기술 카테고리, 업종 등으로 필터링할 수 있습니다. 예를 들어 '데이터베이스'로 필터링해 데이터베이스 마이그레이션에 관한 안내서를 확인하거나, '금융'으로 필터링해 금융 서비스의 워크로드의 아키텍처의 모범 사례를 찾을 수도 있습니다.

2.3.3　AWS Trusted Advisor 활용

기존에 AWS 계정에 구축한 시스템이 AWS의 모범 사례에 맞춰 설정되었는지 평가하는 방법으로 **AWS Trusted Advisor**가 있습니다(참고 2-5). AWS Trusted Advisor는 AWS 계정에 대해 **비용 최적화, 보안, 장애에 대한 내성, 성능, 서비스 할당량이 모범 사례에 따르고 있는가**를 자동으로 확인합니다. 이용자는 확인 결과를 바탕으로 AWS 계정의 설정을 변경하거나 불필요한 리소스를 삭제할 수 있습니다(그림 2-3).

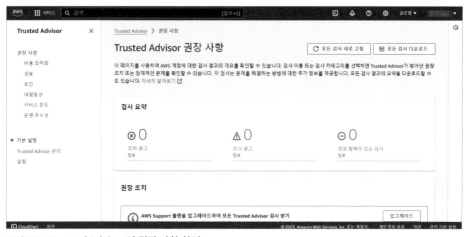

그림 2-3　Trusted Advisor의 권장 사항 화면

AWS Trusted Advisor는 기본으로 이용할 수 있는 확인 항목에 제한이 있으며, **AWS Support 플랜**이 개발자 플랜 이하인 경우 최소한의 보안 확인과 서비스 쿼터만 확인할 수 있습니다. **비즈니스 플랜 이상의 AWS Support를 활성화하면 모든 확인 항목을**

이용할 수 있습니다. AWS Support는 유료이지만 AWS Trsuted Advisor 확인을 통해 AWS 계정을 보호할 수 있을 뿐만 아니라, AWS에 관한 질문도 할 수 있는 점을 고려했을 때 반드시 활성화하는 것이 좋습니다.

◖◗ Trusted Advisor 사용 방법

Trusted Advisor 사용 방법을 간단히 살펴봅시다. [권장 사항]➡[비용 최적화]를 클릭합니다. AWS 계정 안에서 CPU 사용률, 네트워크 IO가 낮은 인스턴스, 이용하지 않는 **탄력적 IP**elastic IP **주소, 아이들**idle **상태에 있는 Amazon RDS 등 비용을 낭비할 수 있는 확인 항목에 일치하는 리소스**를 한눈에 확인할 수 있습니다(그림 2-4). 각 확인 항목을 열어보면 구체적인 인스턴스 ID를 시작으로 리소스를 특정할 수 있는 정보가 제공됩니다. 필요하지 않은 리소스라면 삭제하거나 인스턴스라면 크기를 변경해 비용 낭비를 없앱니다.

[권장 사항]➡[성능]과 [권장 사항]➡[보안] 메뉴도 마찬가지로 각각 모범 사례에 맞지 않는 리소스가 표시됩니다. 이용자는 선택된 리소스에 적절한 조치를 취하면서 더욱 안전하게 AWS를 활용할 수 있습니다.

그림 2-4 Trusted Advisor를 통한 비용 최적화 제안

◕◗ Trusted Advisor의 알림 기능

AWS Support가 비즈니스 플랜 이상이라면 Trusted Advisor의 알림 기능을 이용할 수 있습니다. 설정 방법은 간단합니다. 체크 박스에 체크만 하면 됩니다(그림 2-5).

그림 2-5 AWS Trusted Advisor의 알림 설정 화면

알림 대상 메일 주소는 AWS Management Console의 [계정]➡[대체 연락처]에서 설정할 수 있습니다(그림 2-6). 알림 시점은 목요일 또는 금요일이며, 과거 일주일 동안의 리소스 구성에 기반해 Trusted Advisor에서 감지한 내용을 알려줍니다.

대체 연락처 정보			편집
운영	**보안**	**결제**	
Operation	Security	Billing	
Operation	Security	Billing	
operation@gmail.com	security@gmail.com	billing@gmail.com	
010-2222-3333	010-3333-5555	010-1111-2222	

그림 2-6 알림 대상 메일 주소 설정

3

클라우드 아키텍처링과
서비스 선정

클라우드에서 시스템을 만든다고 하지만 만들고자 하는 시스템에 따라 그 특징은 물론 활용하고자 하는 클라우드이 장점이 다릅니다. 이번 장에서는 시스템을 클라우드에서 구현하기 위해 클라우드 서비스를 선정하는 포인트에 관해 설명합니다.

3.1 | 대상 서비스에 적합한 아키텍처링

클라우드상에서 시스템을 구축함에 앞서, 대상이 되는 시스템을 크게 두 가지 패턴으로 살펴봅시다. 첫 번째는 엔터프라이즈 계열 시스템, 두 번째는 전자 상거래 사이트 혹은 웹 애플리케이션과 같은 시스템입니다. 두 시스템의 비교를 통해 클라우드에는 절대적인 아키텍처가 존재하지 않으며 시스템 특성별로 아키텍처를 고려해야 함을 알 수 있을 것입니다.

3.1.1 엔터프라이즈 계열 시스템(클라우드)

엔터프라이즈 계열 시스템에서는 이용하는 애플리케이션이 패키지 제품인 경우가 많아, 컨테이너와 마이크로서비스 아키텍처로는 대응할 수 없는 경우가 많습니다. 그렇기 때문에 EC2 인스턴스를 주축으로 아키텍처를 생각해야 합니다. 그 경우라도 데이터베이스는 매니지드 서비스를 이용할 수 있는 경우가 많으므로, 애플리케이션의 요건을 확인합시다. 그리고 애플리케이션의 라이선스 형식이 클라우드 이용에 대응하고 있는지도 확인해야 합니다. 물리 코어 수에 비례해 비용이 발생하는 라이선스 형식, OS 식별자 등에 연결된 라이선스 형식의 경우는 클라우드상에서 이용하면 비용이 높아지거나, 인스턴스 이미지를 복사해서 인스턴스를 실행하더라도 애플리케이션을 기동할 수 없을 수 있습니다.

시스템 이용자 수 등은 사전에 예상하기 쉬운 경우가 많아, 사전에 컴퓨팅 리소스의 규모를 산정하기 쉽습니다. 그렇기 때문에 Auto Scaling을 사용한 컴퓨팅 리소스 증감은 수행하지 않고, 규모를 산정한 결과를 기반으로 필요한 컴퓨팅 리소스를 상시 가동시키므로 예약 인스턴스나 절감형 플랜을 구입해 비용 절감을 노리는 경우가 많습니다.

엔터프라이즈 계열 시스템은 릴리스 후에 애플리케이션 개선 및 수정을 거의 수행하지 않으며 보안 대책 등 최소한의 필요한 개선 및 수정을 수행하는 것이 특징입니다. 그렇기 때문에 애플리케이션 배포 구조를 만들어도 거의 사용하지 않는 경우도 있습니다.

릴리스 후의 애플리케이션 개선 및 수정이 얼마나 자주 이루어질 것인지 계산해 배포 구조를 만들거나, 운용 측면의 대응으로 처리할 것인지 판단합시다.

3.1.2 웹 기반 모바일 애플리케이션

전자 상거래 사이트나 모바일 애플리케이션, 브라우저 게임 등의 시스템은 **릴리스 전에 이용자 수를 예측하기가 어렵다**는 특징이 있습니다. 캠페인 실시 시에는 이용자가 급증할 것도 예상되며, 릴리스 후 시간이 지나면서 이용자 수가 달라지므로 **일반적으로 수용량**capacity **예측은 수행하지 않고 Auto Scaling을 사용해 컴퓨팅 리소스를 증감**합니다. 컴퓨팅 리소스에는 컨테이너 혹은 서버리스를 활용하는 것으로 유연하게 리소스를 증감할 수 있습니다. 시스템 이용자 수가 안정된 시점이 되면 기본 이용 분은 예약 인스턴스나 절감형 플랜을 구입하고, 돌발적인 사용자 증가에 대비해서는 온디맨드 인스턴스로 대응하는 것이 일반적입니다.

그리고 캠페인이나 새로운 기능 릴리스를 자주 실시하므로 **애플리케이션 개선 및 수정이 많다는 것**도 이런 시스템의 특징입니다. 그렇기 때문에 CI/CD 파이프라인이 효과적입니다. **CI/CD 파이프라인**CI/CD pipeline이란 소프트웨어 등을 개발할 때마다 테스트를 실시하고, 대상 서버에 배포하는 과정을 자동화하는 개발 방법입니다. 애플리케이션 코드가 개선 및 수정될 때마다 자동으로 릴리스까지 실시하기 때문에, 시스템 릴리스 후에도 높은 빈도로 애플리케이션 개선 및 수정되는 시스템에서는 필수적인 개발 방법입니다.

표 3-1 두 가지 패턴의 시스템 특징 비교

	엔터프라이즈 계열 시스템	웹 기반 모바일 애플리케이션
컴퓨팅 리소스	EC2가 주류	컨테이너 또는 서버리스가 주류
이용자 예측	비교적 쉬움	어려움
수용량 계획	사전에 실시	어려움
애플리케이션 수정	거의 수행하지 않음	적극적으로 수행함

3.2 │ 시스템 구축 시의 요건

시스템을 구축하게 되는 계기는 다양합니다. 예를 들어 기존 시스템의 **EOSL**(서비스 지원 종료) end of service life 또는 비즈니스 변화에 따른 시스템 강화, 운용 및 유지보수 효율화, 신규 서비스 출시 등을 들 수 있습니다. 시스템을 온프레미스에서 만들 것인지, 클라우드에서 만들 것인지는 시스템이 요하는 요건을 클라우드에서 실현할 수 있는가에 따라 판단해야 합니다. '클라우드를 사용해 시스템을 만드는 것'이 목적이 되면 클라우드의 장점을 살리기는커녕, 온프레미스에서 구축하는 것보다 비용과 운용 부담이 늘어날 뿐입니다.

이번 절에서는 먼저 온프레미스와 클라우드에서 만족할 수 있는 요건을 확인한 후, 시스템을 클라우드로 마이그레이션할 때 어떤 방법으로 마이그레이션할 수 있는지 알아보겠습니다.

3.2.1 클라우드 네이티브 요건

시스템 개발에서 클라우드가 인기를 얻은 이유는 클라우드를 사용해서 얻을 수 있는 여러 장점 때문입니다. 클라우드에서 시스템 개발에 앞서 시스템 아키텍처링을 위해서는 먼저 **클라우드로 실현할 수 있는 요건을 결정해야 합니다.** 시스템을 개발/운영하면서 자주 발생하는 과제들을 클라우드를 사용해 어떻게 해결할 것인지 확인해봅시다.

●● 하드웨어 운용에서 해방되고 싶다

온프레미스에서 시스템을 운용함에 있어 가장 부담이 되는 것이 하드웨어 유지보수 운용입니다. 하드웨어는 어느 정도 시간이 지나면 지원이 종료되기 때문에 정기적으로 하드웨어 보수 서비스를 연장하거나, 연장이 불가능한 경우에는 하드웨어 업그레이드 프로젝트를 추진해야 합니다. 그리고 하드웨어에 고장이 발생하면 시스템에 대한 영향 조사 및 하드웨어 유지보수 업체의 기기 교환을 위해 데이터 센터로의 출입 신청, 교환 완료 후의 정상 작동 확인, 시스템 이용자에 대한 알림 등을 수행해야만 합니다. 일단 장애가 발생하면 복구까지 큰 노력이 들며, 시스템 이용자로부터의 신용이 떨어지는 등의 문제가 생깁니다. 클라우드에 시스템을 구축하면 **하드웨어 유지보수 운용은 클라우드 벤더의 책임 범위**가 되므로 하드웨어 보수 기간이나 업그레이드를 의식할 필요가 없으며, 고장 시 대응 또한 클라우드 벤더가 실행합니다. 그렇기 때문에 **개발자는 애플리케이션 개발에 전념**할 수 있습니다.

한 가지 주의할 점은 하드웨어는 확실히 클라우드 벤더의 책임 범위이지만, 그렇다 하더라도 **하드웨어는 고장이 발생한다는 점입니다.** 클라우드상에 시스템을 만들 때는 가상머신이 설치된 하드웨어가 고장 나더라도 문제없이 시스템이 지속될 수 있도록 아키텍처링을 해야 합니다.

◖◗ 수용량을 자유롭게 조절하고 싶다

온프레미스 시스템의 규모는 최대 이용 시를 가정해서 산정해야 하지만, 최대 이용 상태를 지속하는 시스템은 존재하지 않습니다. 업무 시간 중에만 이용하는 시스템이나 이용 시간이 명확하게 정해져 있는 시스템을 온프레미스에 구축하면 **이용 수가 적은 시간대는 비용이 낭비**됩니다. 클라우드라면 업무 시간대에만 시스템을 기동시키거나 성수기에만 시스템을 증가시키는 등의 **수용량 조절이 용이**합니다. 그리고 클라우드 리소스를 **사용한 만큼만 과금**되는 구조이므로 비용 낭비를 줄일 수 있습니다.

◖◗ 최소한의 구성으로 시스템을 시작하고 싶다

신규 서비스 출시를 위해 필요한 시스템 규모가 명확하지 않은 경우, 온프레미스에서 시스템을 만들면 과도한 사양이 되거나 나중에 서버를 추가하기 어려워지는 등의 문제가 발생합니다. 클라우드에서는 가상머신이 부족하면 즉시 추가할 수 있고, 가상머신의 사양이 낮으면 보다 높은 사양의 머신으로 간단하게 교체할 수 있습니다. 그리고 서비스 이용자가 예상만큼 늘지 않으면 가상머신을 삭제하는 것만으로도 시스템을 쉽게 종료시킬 수 있습니다. 온프레미스에서는 서비스가 종료되면 이를 위해 구입한 하드웨어 등의 비용 손실이 발생합니다.

◉ 자동화를 수행하고 싶다

시스템을 릴리스한 후 어느 정도 시간이 지나면 **유지보수 운용 업무의 고도화, 정형화** 가 진행됩니다. 정형화할 수 있는 업무는 도구 등을 활용해 자동화할 수 있습니다. 그러 나 온프레미스의 시스템인 경우에는 신규 도구를 도입하기 위한 서버를 준비할 수 없거 나, 준비할 수 있다 하더라도 정형 업무를 수행하지 않는 동안에는 리소스가 남아도는 등의 문제가 발생합니다. 클라우드에서는 운용에 특화된 서비스를 제공하므로 **시스템 을 릴리스한 시점에 해당 서비스를 추가할 수 있습니다.** 그리고 서버리스로 코드를 실 행할 수 있는 FaaS나 오케스트레이션 서비스 등을 조합하면서 복잡한 처리도 실현할 수 있습니다. 비용의 경우 기본적으로 종량제 과금이므로, 정형 업무를 실행한 횟수만 큼만 과금됩니다.

◉ 개발 속도를 높이고 싶다

온프레미스에서 시스템을 개발할 때는 서버, 스토리지, 네트워크, 심지어 데이터 센터 확보 등 **개발을 시작하기 위한 리소스 준비에만 수개월 소요됩니다.** 클라우드라면 신용 카드 정보를 등록하는 즉시 가상 서버 등의 컴퓨팅 리소스, 스토리지를 이용할 수 있습 니다. **필요가 발생하면 실시간으로 필요한 리소스를 준비할 수 있다**는 것이 클라우드의 장점입니다. 그리고 개발을 완료해 서버 등이 필요하지 않게 됐다면 **간단히 삭제할 수 있다**는 것도 장점입니다.

또한 AWS를 시작으로 하는 클라우드 서비스들은 **코드형 인프라스트럭처**infrastructure as code, IaC라 부르는 **클라우드 리소스를 코드로 작성할 수 있는 서비스**를 제공합니다. 대 량으로 가상머신을 만들거나 같은 아키텍처를 여럿 준비해야 할 때는 IaC를 활용하여 가상머신을 필두로 하는 다양한 리소스를 단시간에 준비할 수 있습니다.

◉ 글로벌로 시스템을 확장하고 싶다

서비스를 글로벌로 확장하고자 할 경우, 이용자가 물리적으로 떨어져 있기 때문에 네트 워크 속도에 병목현상이 발생합니다. 서비스 이용자가 많은 지역에 데이터 센터를 준비 해서 서비스를 진행하면 이 문제를 해결할 수 있지만, 각국에 데이터 센터를 준비하는 것은 쉽지 않으며, 서비스 제공에 필요한 하드웨어 조달부터 시스템 개발의 과정을 국가마다 실시하는 데는 막대한 비용이 듭니다.

클라우드는 **클라우드 벤더가 각국에 데이터 센터를 가지고 있기 때문에**, 요건에 맞는 국가의 데이터 센터상의 리소스를 사용해 시스템을 개발할 수 있습니다. AWS의 경우 2024년 4월 기준으로, 전 세계 33개 지역에 **리전**region이라 불리는 데이터 센터 클러스터를 진행합니다(참고 3-1). 이용자는 원하는 리전을 선택해 시스템을 구축할 수 있으므로, 해외로 서비스를 확장하고 싶은 경우에도 간단하게 리소스를 준비할 수 있습니다.

참고 3-1   AWS 글로벌 인프라
https://aws.amazon.com/ko/about-aws/global-infrastructure/

3.2.2 클라우드로의 마이그레이션 패턴

온프레미스 시스템을 클라우드로 마이그레이션하는 데는 몇 가지 패턴이 있습니다. 마이그레이션 진행 방식에 관한 전략을 세울 때는 현재 시스템의 사양과 마이그레이션 스케줄, 마이그레이션 시 및 마이그레이션 후의 비용 효과 등에 관해 전체적으로 정보를 수집해야 합니다. **절대로 '클라우드로 마이그레이션하는 것' 자체가 목적이 돼서는 안 됩니다.** 클라우드로의 마이그레이션은 달성해야 할 비즈니스 과제를 해결하기 위해 수행하는 것이므로, 그에 적합한 최적의 마이그레이션 경로를 선택해야 하기 때문입니다.

◖◗ 마이그레이션 경로의 일곱 가지 패턴

먼저 마이그레이션 경로의 일곱 가지 패턴을 확인해봅시다(그림 3-1).

Relocate는 **온프레미스에서 가동하고 있는 가상머신을 그대로 클라우드로 옮겨서 마이그레이션을 수행**하는 패턴입니다. VMWare Cloud on AWS를 활용해 VMware의 가상머신을 아키텍처 그대로 유지하면서 AWS로 마이그레이션합니다. 기존 아키텍처를 그대로 마이그레이션하므로 검토 항목이 적지만, 클라우드 고유의 기능이나 서비스를 활용할 수 없는 경우가 많습니다.

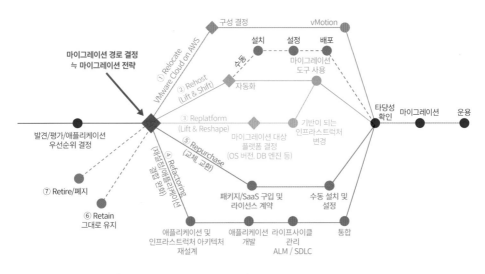

* 애플리케이션 라이프사이클 관리(application lifecycle management, ALM)
* 소프트웨어 개발 라이프사이클(software development life cycle, SLDC)

https://aws.amazon.com/jp/builders-flash/202011/migration-to-cloud-2/?awsf.filter-name=*all(일본어)에서 인용

그림 3-1 마이그레이션 경로의 일곱 가지 패턴

Rehost는 가장 일반적인 클라우드로의 마이그레이션 경로입니다. **온프레미스의 가상머신에서 가동하는 애플리케이션을 클라우드이 가상머신 서비스(AWS인 경우 EC2)에 재구축**합니다. 하이퍼바이저 이하의 운영을 하지 않아도 되며, EC2 인스턴스를 가용 전에 배포하면서 가용성을 향상시키고, 부하가 높을 시 간단하게 인스턴스를 증가시킬 수 있는 확장성을 제공하는 등, 클라우드의 혜택을 누릴 수 있습니다. 다만 마이그레이션 후에도 OS 계층의 유지보수가 필요하며 기존 시스템의 운용의 번잡함 등은 유지됩니다.

Replatform은 DB 엔진을 OSS~~open source software~~**화**하거나 Amazon RDS 등의 **매니지드 서비스를 활용한 아키텍처로 변경**합니다. 데이터베이스를 매니지드 서비스화함으로써 운용 비용 절감을 기대할 수 있지만, 마이그레이션 비용 혹은 애플리케이션 변경 등이 필요합니다.

Refactoring은 AWS Lambda나 컨테이너 서비스, 매니지드 서비스를 최대한 활용해 **유지보수 운용 업무로부터 해방**됩니다. 그만큼 마이그레이션 시에는 마이그레이션 비용과 시간이 소요됩니다. 여기까지는 시스템을 클라우드로 이동하는 형태입니다.

Repurchase는 기존 시스템의 업무 요건을 만족하는 **SaaS나 패키지를 활용**하는 마이그레이션 방식입니다. SaaS이므로 서버나 애플리케이션 운용 등은 필요하지 않지만, SaaS나 패키지가 업무 요건을 100% 만족하기는 어렵기 때문에 업무 흐름의 변경이 필요하며, 서비스에 장애가 발생했을 때는 복구를 기다려야만 하는 등의 단점이 있습니다.

Retain은 **클라우드로 마이그레이션을 수행하지 않고 온프레미스 시스템을 유지**하는 패턴입니다. 클라우드로의 마이그레이션 비용에 비해 마이그레이션 후의 운용 비용 등에서 장점을 얻을 수 없거나, 클라우드에서는 요건을 만족하지 않는 경우 등에 이를 선택합니다.

Retire는 **마지막으로 시스템 자체를 없애는** 판단입니다. 이용 빈도가 낮고 유지 부담이 너무 큰 시스템 또는 다른 시스템으로 통합할 수 있다고 판단한 경우 등에 이를 선택합니다.

◖◗ 마이그레이션 경로에 따른 시스템 구성 변화

마이그레이션 경로에 따른 시스템 구성의 변화를 간단한 웹 시스템 구성을 통해 확인해봅시다. 온프레미스에서는 로드 밸런서, 웹서버, DB 서버가 각각 물리 서버로 존재한다고 가정하겠습니다.

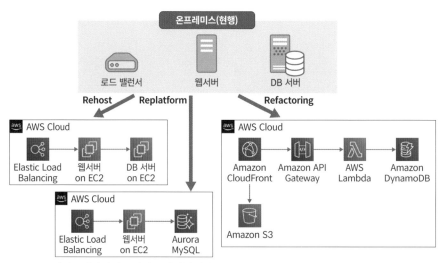

그림 3-2 마이그레이션 경로에 따른 아키텍처의 예

● Rehost의 경우

EC2에 웹서버와 DB 서버를 현재와 같은 OS와 소프트웨어로 구축합니다. 온프레미스와 같은 OS 등을 이용하므로 애플리케이션은 변경하지 않아도 되며, 운용 순서를 대부분 그대로 재이용할 수 있습니다.

● Replatform의 경우

최신 버전의 OS와 소프트웨어를 사용할 수 있고, DB 서버를 Aurora MySQL로 마이그레이션하여 데이터베이스 비용을 절감할 수 있으며 OS 계층의 운용이 필요하지 않게 됩니다.

● Refactoring의 경우

정적 콘텐츠는 Amazon S3에 배치하고, 동적 콘텐츠는 Amazon API Gateway를 경유해 AWS Lambda가 만듭니다. 애플리케이션은 대규모의 개선 및 수정이 필요하기 때문에, 마이그레이션 시의 개발 비용이 가장 많이 듭니다. 하지만 매니지드 서비스를 활용하면서 서버 유지보수 운용이 없어지며, AWS Lambda는 실행 시에만 과금되므로 서버를 배치하는 것보다 운영 비용 감소를 기대할 수 있어 장기적으로 보면 개발 비용을 회수할 수 있습니다.

◖◗ 마이그레이션별 난이도와 운용 비용 비교

일곱 가지 마이그레이션 경로를 마이그레이션 난이도와 운용 비용 효율로 비교하면 그림 3-3과 같습니다. Retain이나 Retire는 클라우드로 마이그레이션하지 않는다는 판단이므로 난이도는 낮지만, 운용 비용 효율도 낮습니다. 하드웨어 유지보수 운용에서 손을 뗄 수 있다는 점을 포함해, 클라우드로 마이그레이션했을 때의 장점을 취할 수 없기 때문입니다. 이후, Relocate에서 Refactoring으로 진행함에 따라 마이그레이션 시 검토해야 할 항목이 늘어나므로 마이그레이션의 복잡도는 높아집니다. 특히 Repurchase, Replatform, Refactoring은 클라우드 최적화를 위한 애플리케이션 재설계나 운용 변경과 같은 영향이 크기 때문에 복잡도가 높아지지만, 하드웨어나 OS 유지보수 운용에서 해방될 수 있고 컴퓨팅 리소스의 최적화에 따른 비용 절감 등 클라우드에서만 얻을 수 있는 장점이 크므로 운용 비용 효율은 좋아집니다.

그림 3-3 마이그레이션 경로에 따른 마이그레이션 복잡도(왼쪽)와 운용 비용 효율(오른쪽)

◖◗ 마이그레이션 경로 선택 방법

각 마이그레이션 경로의 특징과 난이도를 확인했으므로, 마지막으로 어떤 마이그레이션 경로를 선택할 것인가를 정리합니다. 정리한 결과는 여러분이 다루는 프로젝트마다 다르지만 **마이그레이션 프로젝트에 관한 시스템의 이동 경로 선택 시의 정책**으로서 결정해두면, 유사한 마이그레이션 프로젝트를 진행할 때 같은 것을 재검토하지 않아도 됩니다.

엔터프라이즈 애플리케이션을 활용하고자 할 때는 **시스템 요건을 만족할 수 있는가**에 초점을 둬야 합니다. 예를 들어 데이터베이스에 대한 접근에 특수한 권한이 필요하거나 커널 튜닝이 필요한 경우, 라이선스가 물리 CPU에 연결된 경우 등에는 매니지드 서비스를 활용하지 못할 수 있습니다. 그리고 엔터프라이즈 애플리케이션은 컨테이너에서 실행할 것에 대비하지 않아 EC2상에서 작동시킬 수 없는 경우도 많습니다. 그렇기 때문에 엔터프라이즈 애플리케이션을 작동시키고자 하는 경우에는 Rehost 또는 OS 버전만 최신화하는 부분적인 Replatform으로 마이그레이션합니다.

웹 애플리케이션이라면 **런타임**runtime(실행되는 프로그램 그룹)**이 가동하는 환경을 준비하면 되므로**, Replatform이나 Refactoring을 통해 클라우드의 장점을 활용할 수 있습니다.

한편 클라우드로 대응할 수 없는 요건, 예를 들어 TCP/IP가 아니라 레이어 2로 통신하고 싶거나 독자적인 프로토콜을 통해 통신하고 싶은 경우, 매우 높은 SLA을 요구하고 싶은 경우 등은 클라우드로 대응할 수 없으므로 Retain 또는 Retire를 선택하게 됩니다.

이렇게 시스템을 어떤 마이그레이션 경로를 사용해 클라우드로 마이그레이션할 것인지 선택하는 방침을 미리 정해두면, 시스템 마이그레이션 검토 시간을 단축할 수 있으므로 권장합니다.

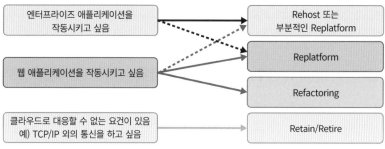

그림 3-4 마이그레이션 경로 선택 정책의 예

3.3 | 클라우드에서만 가능한 구성

온프레미스에서는 구현하고자 하는 시스템을 설계할 때 데이터 센터를 선정하고, 서버나 네트워크 기기 등의 물리 장비를 준비하고, OS, 미들웨어, 애플리케이션 개발을 어떻게 조합할 것인지 검토합니다. 이것은 클라우드에서도 마찬가지이지만, 클라우드에서는 매우 다양한 서비스를 제공하기 때문에 초심자에게는 서비스 조합을 고려하는 것이 매우 어렵습니다. 이번 절에서는 서비스를 조합할 때 참고가 되는 지식과 검토해야 할 점을 살펴봅시다.

3.3.1 Well-Architected Framework 활용

AWS에서 서비스를 구축하는 경우 아키텍처링의 대전제가 되는 사고방식에 **Design for Failure**가 있습니다(참고 3-2). 이 사고방식은 아마존의 CTO인 베르너 포헐스_{Werner Vogels}가 말한 "Everything fails all the time(모든 것은 항상 실패한다)"의 정신에 입각한 것으로, **서비스에 이상이나 장애가 발생하는 것을 염두에 두고 설계 단계부터 대책을 검토**해야 한다는 사고방식입니다. 설계할 때는 '장애가 발생해도 서비스가 지속되는 설계'뿐만 아니라 '장애가 발생했을 때 단기간에 복구할 수 있는 구조로 설계'하는 것이 중요합니다.

Design for Failure 원리에 따라 설계되었는지 확인하기 위한 편리한 도구로 Well-Architected Framework(참고 3-3)가 있습니다.

참고 3-2 **Design for Failure**
https://docs.aws.amazon.com/ko_kr/whitepapers/latest/running-containerized-microservices/design-for-failure.html

참고 3-3 **AWS Well-Architected**
https://aws.amazon.com/ko/architecture/well-architected/

Well-Architected Framework는 운용의 우수성, 보안, 신뢰성, 성능 효율, 비용 최적화, 지속 가능성이라는 여섯 가지 내용으로 구성되며, 각 항목에 대해 AWS로 시스템을 구축할 때 모범 사례를 따르고 있는지 평가할 수 있습니다. AWS Management Console에서 이용할 수 있는 AWS Well-Architected Tools(그림 3-5)에서 각 질문에 대답합니다.

그림 3-5 Well-Architected Tools 화면

설계가 Design for Failure의 원칙을 따르고 있는지 확인할 수 있습니다(그림 3-6).

그림 3-6 Well-Architected Tools 평가 결과의 예

체크 결과를 통해 클라우드상에서 시스템을 작동시키는 모범 사례에 따르고 있는가를 시각화하고, 리스크가 있는 부분에 관해서는 대책을 강구할 수 있습니다. 그러나 여기에서 반드시 **리스크 대책을 모두 실시해야 한다는 것은 아닙니다.** 평가 결과 리스크가 있는 것을 알았어도, 대응하기 위해서는 비용과 시간이 소요됩니다. 비용이나 소요되는 시간, 리스크 발생으로 서비스에 미치는 영향에 따른 기회 손실을 비교해 리스크를 감내할 것인지 판단해도 좋습니다. 필자의 고객 중에는 모범 사례와 다른 대책을 실시하여 리스크를 회피하는 판단을 하기도 했습니다.

중요한 것은 설계에 리스크가 포함되었는지 시각화하고, **대책을 적용할 것인지 리스크를 감내할 것인지 하나하나 판단하는 노력을 수행하는 것**입니다. 이때 어떠한 이유에서 그런 판단을 내렸는지 기록해두면, 시간이 지난 뒤에도 그렇게 설계한 이유를 확인할 수 있습니다.

3.3.2 Auto Scaling 사용 여부

클라우드가 제공하는 장점 중 컴퓨팅을 시작으로 각종 리소스가 필요하게 된 시점에 즉시 이용할 수 있다는 점이 있습니다. 여기에 가장 적합한 예가 **Auto Scaling**입니다. 부하 상황에 맞춰 EC2 같은 컴퓨팅 리소스를 자동으로 증감해주는 서비스입니다. 클라우드에 구축한 시스템 이용자 수를 예측할 수 없는 경우는 수용량 계획이 어렵기 때문에, **사전 계획을 하지 않고 Auto Scaling의 확장성에 맡길 수** 있습니다.

얼핏 만능으로 보이는 Auto Scaling이지만 단점도 있습니다. 첫째, Auto Scaling을 통한 컴퓨팅 리소스 증감을 위해서는 시스템 모니터링을 해야 하는데, **증감의 원인이 되는 지표의 조건을 설정하는 것이 어렵다는 점**을 들 수 있습니다. 예를 들어 단순히 CPU 사용률을 모니터링 요소로 했을 때, CPU 사용률 증감의 원인이 이용자 수의 증감이 아니었을 경우 불필요하게 리소스를 증감시킬 수 있습니다. 구체적인 사례로 메시징 애플리케이션인 슬랙~Slack~ 장애에는 네트워크 장애에 따른 응답 시간의 증가에 따라 스레드 사용률이 증가했기 때문에 인스턴스를 증가시켰지만, 새로운 인스턴스의 프로비저닝(구성과 테스트 등)을 위해 통신이 장애가 있는 네트워크 상에서 수행돼 추가적으로 부하가 급상승하게 됐습니다(참고 3-4). CPU 사용률 증감의 직접적인 원인이 네트워크 장애였기 때문에, CPU 사용률 증가에 기반해 인스턴스 수를 증가시킨 것이 도리어 사태를 악화시킨 것입니다.

참고 3-4 **Slack's Outage on January 4th 2021**
https://slack.engineering/slacks-outage-on-january-4th-2021/

두 번째는 **애플리케이션이 Auto Scaling에 대응할 수 없는 경우가 있다는 점**입니다. 애플리케이션이 개별적으로 요청 처리 결과를 보유하는 구조이면, Auto Scaling 시 인스턴스가 종료가 되면 요청 처리 결과도 동시에 사라집니다. 그리고 Auto Scaling에 따른 인스턴스 증가는 AMIAmazon Machine Image에서의 인스턴스 생성입니다. 이는 엔터프라이즈 애플리케이션의 라이선스 체계에 따라서는 라이선스 위반이 되거나, 애플리케이션이 정상적으로 기동되지 않는 등의 리스크가 있습니다. 이용하는 애플리케이션이 Auto Scaling 요건을 만족하는지 확인하고 **Auto Scaling 사용 여부는 프로젝트 초기 단계에서 의사결정을 하는 것**이 중요합니다. 또한 스크래치로 애플리케이션을 만든 경우라 하더라도 **Auto Scaling 사용 여부에 관해 애플리케이션 개발자와 합의한 상태에서 구현하는 것**이 중요합니다.

세 번째는 클라우드의 종량 과금을 노린 공격인 **EDoS**economic denial of sustainability가 늘어나고 있다는 점입니다. DoS 공격denial of service attack이나 DDoS 공격distributed denial of service attack은 공격 대상 시스템에 높은 부하를 걸어 서비스 제공을 중지시키는 공격으로, 이에 친숙한 분들도 많을 것입니다. 한편 EDoS 공격은 **종량 과금 방식인 클라우드 등의 구조를 노리고 시스템에 높은 부하를 걸어 시스템 보유자에게 금전적인 손실을 끼치는 것을 목적으로 하는 공격**입니다. 시스템이 대량의 요청을 받으면 Auto Scaling에 의해 컴퓨팅 리소스가 증가하므로, 불필요하게 클라우드 이용료를 지불하게 됩니다. 이것은 Auto Scaling에만 국한된 것이 아니라 Amazon S3나 API Gateway 등 실행 회수에 비례해 과금되는 서비스는 모두 같은 위험을 안고 있습니다. 다음과 같은 대책으로 대응할 수 있습니다.

- Auto Scaling으로 증가시키는 인스턴스 수에 상한값을 설정합니다.
- Amazon CloudFront를 통한 개시를 이용해 컴퓨팅 리소스에 대한 부담을 낮춥니다.
- 이용 비용에 임곗값을 설정하고 모니터링합니다.

그리고 비용 관점에서 보면 1년 정도의 기간으로 봤을 때 안정적인 처리가 가능한 시스템이라면 무리해서 Auto Scaling을 활용하지 말고, 사전에 수용량을 설계하고 저축 계획 또는 예약 인스턴스를 배치하는 편이 비용을 낮출 수 있습니다.

Auto Scaling은 필요시에 필요한 컴퓨팅 리소스를 준비할 수 있는 대표적인 구조로 잘 활용한다면 성능 유지, 비용 억제를 위한 강력한 무기가 됩니다. 여기에서 설명한 단점에 주의해 잘 활용하기 바랍니다. 검토 결과 사용하지 않는다고 판단하는 것 또한 전략입니다.

3.3.3 매니지드 서비스 사용 여부

클라우드를 이용하면 하드웨어 유지보수 운용에서 해방될 수 있고, Amazon RDS 등 매니지드 서비스를 활용하면 **OS 등의 유지보수도 AWS에 맡길 수 있습니다.** 그렇기 때문에 가능한 매니지드 서비스를 사용하는 아키텍처로 만들면, 클라우드 이용자는 원래 집중해야 할 애플리케이션 개발에 전념할 수 있다고 일반적으로 말합니다. 확실히 매니지드 서비스를 활용하면서 얻는 장점이기는 하지만 단점도 있습니다.

매니지드 서비스에서는 업데이트나 사양 변경을 클라우드 이용자가 통제할 수 없기 때문에 **사양 변경을 하고 싶지 않은, 소위 말하는 레거시 시스템에는 적합하지 않습니다.** 그리고 매니지드 서비스에 따라서는 **기능이 제한돼 있거나 클라우드 이용자는 이용할 수 없는 것**도 있습니다. 예를 들어 매니지드 서비스에서는 OS 커널을 변경할 수 없습니다. 그렇기 때문에 이용하는 애플리케이션에 따라서는 매니지드 서비스와 연계할 수 없기도 합니다. 그때는 EC2에 매니지드 서비스에서 사용하는 소프트웨어 등을 도입해야 합니다. 필자 또한 기획 단계에서는 RDS를 사용할 예정이었지만, 이용 예정인 엔터프라이즈 애플리케이션이 RDS에서는 작동 보증이 되지 않을 것을 알고, 요건 정의 단계에서 데이터베이스를 EC2에서 가동하도록 변경하기도 했습니다.

매니지드 서비스는 **이용자가 변경할 수 없는 항목이 있다는 점, AWS에서 버전 업그레이드나 사양 변경을 통제한다는 점**을 이해한 상태에서 활용합시다.

3.3.4 VPC 연결 방법

AWS에 시스템을 구축하려면 AWS에 가상 서버 등을 배치하기 위한 네트워크가 필요합니다. 가상 네트워크를 제공하는 서비스로 **Amazon VPC**가 있습니다. 하나의 VPC에 다양한 역할을 하는 시스템을 혼재하게 두면 VPC 내부의 통신 제어가 복잡해지므로 **일반적으로 몇 개의 VPC, 또는 여러 AWS 계정에 나누어서 시스템을 배치합니다.** VPC 사이는 독립된 네트워크 공간이므로 다른 시스템들 사이에 임의로 통신을 수행할 수 없습니다. 하지만 VPC를 가로지르는 통신이 필요할 때가 있습니다. VPC 사이를 연결하는 방법으로 VPC 피어링과 AWS Transit Gateway가 있습니다.

●● VPC 피어링

VPC 피어링VPC peering은 이름 그대로 **VPC 사이를 연결하는 기능**입니다. 연결한 VPC는 각각의 VPC에 상대 VPC의 CIDR로의 라우팅을 설정하여 상대 VPC의 가상 서버 등과 통신할 수 있습니다.

VPC 피어링을 사용한 경우, VPC를 아우르는 통신은 할 수 없습니다. 예를 들어 VPC A와 VPC B, VPC B와 VPC C가 각각 VPC 피어링된 경우, VPC A와 VPC C는 통신할 수 없습니다(VPC B를 경유할 수 없습니다). 그렇기 때문에 VPC A와 VPC C도 VPC 피어링을 통해 연결해야 합니다. VPC가 세 개인 경우에는 VPC 피어링 수가 3이지만, VPC가 네 개일 때는 VPC 피어링 수가 6, VPC가 다섯 개인 경우에는 VPC 피어링 수가 10이됩니다. N개의 VPC를 전부 VPC 피어링으로 연결한다면 **VPC 피어링 수는 $N \times (N-1)/2$개**가 되며, VPC가 늘어날 수록 VPC 피어링 관리가 복잡해집니다. 이런 경우는 또 다른 VPC 연결 서비스인 AWS Transit Gateway를 이용합니다.

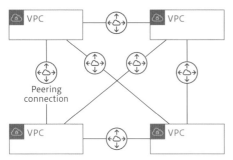

그림 3-7 네 개의 VPC를 VPC 피어링으로 연결했을 때의 구성도

⬤◗ AWS Transit Gateway

AWS Transit Gateway는 **VPC 사이를 연결하는 네트워크 허브 기능**을 제공합니다. 여러 VPC를 연결해야 하는 경우에는 Transit Gateway에 각 VPC를 연결하고 라우팅을 설정하면 VPC 사이에서 통신할 수 있습니다. VPC 피어링에서는 VPC가 늘어나면 상대 VPC와의 피어링을 필요한 만큼 만들고 각 VPC에 대한 라우팅을 설정해야 하지만, Transit Gateway에서는 **VPC의 수가 늘어나도 Transit Gateway상의 라우팅 테이블이 자동으로 VPC를 추가하기** 때문에 간단하게 운용할 수 있습니다. 그리고 AWS Direct Connect나 VPN 연결 등을 활용해 온프레미스와 연결할 수도 있습니다.

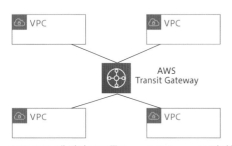

그림 3-8 네 개의 VPC를 Transit Gateway로 연결했을 때의 구성도

⬤◗ VPC 피어링과 Transit Gateway 구분해서 사용하기

여기까지 설명만 보면 Transit Gateway가 온프레미스와도 연결할 수 있고 VPC 사이의 연결 관리도 용이하므로 VPC 피어링을 선택할 필요가 없다고 생각할 수 있습니다. 하지만 VPC 피어링과 Transit Gateway에는 다른 점이 있습니다(표 3-2). 우선 VPC 피

어링은 대역 제한이 없지만 Transit Gateway의 최대 대역폭은 50Gbps입니다. 그리고 Transit Gateways는 레이턴시(통신 지연 시간)latency가 VPC 피어링에 비해 좋지 않습니다. 또한 연결 대상 VPC에서 설정된 보안 그룹을 허가 대상에 포함시킬 수 없습니다. 비용 측면에서 봤을 때 VPC 피어링은 데이터 전송비만 들지만, Transit Gateway는 시간 단위의 VPC 연결 수, 트래픽 처리 비용이 추가로 소요됩니다(참고 3-5). 이렇게 **VPC 피어링이 우수한 부분도 있으므로**, VPC 개수 등 VPC끼리 연결할 필요가 있는지 고려하면서 두 가지를 구분해서 사용합시다.

표 3-2 VPC 피어링과 Transit Gateway의 특징 비교

	VPC 피어링	Transit Gateway
아키텍처	풀 메시(full mesh) 타입	Transit Gateway를 중심으로 한 허브 & 스포크(hub & spoke) 타입
복잡도	VPC 숫자만큼 연결 필요	구성과 관리가 단순함
연결 수	VPC 한 개당 최대 125개의 피어링	리전 한 개당 5천 개 연결
레이턴시	낮음	1홉으로 카운트
대역폭	제한 없음	50Gbps/연결
시각화	VPC 프롤로그	VPC 프롤로그, Transit Gateway Network Manager, CloudWatch 지표
보안 그룹 참조	가능	불가능
과금	데이터 전송 요금(동일 AZ의 통신은 무료*)	연결 시간 과금 + 데이터 처리 요금

* https://aws.amazon.com/ko/about-aws/whats-new/2021/05/amazon-vpc-announces-pricing-change-for-vpc-peering/

참고 3-5 **Transit VPC 설루션**
https://docs.aws.amazon.com/ko_kr/whitepapers/latest/building-scalable-secure-multi-vpc-network-infrastructure/transit-vpc-solution.html

3.3.5 온프레미스와의 연결

시스템을 클라우드에서 구성하는 경우 클라우드만으로 완결할 수 있다면 좋지만, 기존의 온프레미스의 시스템과 연동이 필요하거나 온프레미스로의 마이그레이션 과정에서

데이터 전송이 필요할 때는 온프레미스와 클라우드 네트워크를 연결해야 합니다. 그런 경우에는 전용 네트워크 연결을 사용하거나 AWS Site-to-Site VPN을 사용해 연결하게 됩니다. 각각의 차이에 관해 살펴봅시다.

◖◗ 전용 네트워크 연결(AWS Direct Connect)

AWS와 데이터 센터를 연결하는 전용 네트워크 연결 서비스로 **AWS Direct Connect**가 있습니다. 데이터 센터라고 표현했지만 정확하게는 **Direct Connect 로케이션을 제공하는 기업의 데이터 센터**입니다(참고 3-6). AWS 이용자가 사용하는 데이터 센터가 아닙니다. 이용자가 사용하는 데이터 센터와 Direct Connect 로케이션 사이는 별도의 WAN 회선이나 전용 네트워크 연결을 이용해야 합니다(참고 3-7). 그리고 Direct Connect 로케이션을 제공하는 파트너 기업에 따라서는 **로케이션 안에 서버 등의 리소스 배치가 가능한 경우도 있으므로**, 이를 이용하면 AWS와 물리 서버 사이를 낮은 레이턴시로 통신할 수 있습니다.

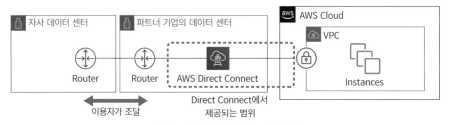

그림 3-9 AWS Direct Connect의 제공 범위와 이용자의 조달 범위

AWS Direct Connect에서는 점유형과 공유형의 두 가지 연결 방식을 제공합니다(그림 3-10). 점유형은 이름 그대로, 이용자가 전용 연결을 구축하는 방법입니다. 회선 속도는 1Gpbs, 10Gbps 또는 100Gbps 중에서 선택할 수 있습니다. 그리고 **이용하고자 하는 리전에 따라서는 최대 속도인 100Gbps를 사용할 수 없는 경우**도 있으므로 미리 확인해 둡시다. 공유형은 AWS Direct Connect 제공 파트너가 AWS와 사이에 가설한 Direct Connect 회선을 여러 이용자에게 공유하는 형식입니다. 50Mbps에서 최대 10Gbps 까지 선택할 수 있지만, **이용하는 AWS Direct Connect 파트너에 따라 다르므로**,

이용을 고려하고 있는 파트너에게 확인해야 합니다. 그리고 Transit Gateway와 Direct Connect를 조합해 온프레미스와 VPC 사이의 트래픽을 관리하고 싶은 경우 **공유형 접속 시에는 Transit Gateway와 Direct Connect를 직접 연결할 수 없다는 제한이 있으므로** 주의합니다(참고 3-8).

참고 3-6　**AWS Direct Connect Locations**
https://aws.amazon.com/ko/directconnect/locations/

참고 3-7　**AWS Direct Connect 제공 파트너**
https://aws.amazon.com/ko/directconnect/partners/

참고 3-8　**공유형 AWS Direct Connect에서도 사용할 수 있는 AWS Transit Gateway**(일본어)
https://aws.amazon.com/jp/blogs/news/aws-transit-gateway-with-shared-directconnect/

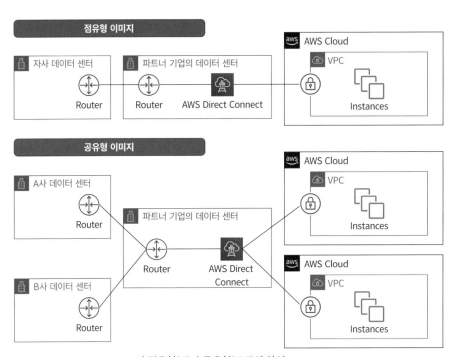

그림 3-10 Direct Connect의 점유형(위)과 공유형(아래)의 차이

● **전용 네트워크 연결이라 해서 암호화가 필요하지 않은 것은 아니다**

전용 네트워크 연결을 사용하면 보안이 확보되므로 안전하다는 기사들을 접할 때가 있습니다. 하지만 **이용자의 데이터 센터와 파트너 기업의 데이터 센터 사이의 연결이 WAN이라면 그 사이의 연결에 대한 보안 대책이 필요**합니다. 그리고 공유형 연결의 경우, **물리 회선은 여러 이용자가 공유하게 되므로,** 아무 대책을 세우지 않아도 좋은가는 이용자가 판단해야 합니다. 시스템에 따라 준수해야 할 기준 혹은 표준 등으로 인해 통신 암호화 등이 필수인 경우도 있으므로, 전용 네트워크 연결이기 때문에 암호화하지 않는다고 판단해도 좋은지는 그 근거가 되는 기준을 잘 확인해야 합니다.

⬤ AWS Site-to-Site VPN

AWS Site-to-Site VPN은 이용자의 데이터 센터 등의 거점과 AWS 사이를 IPsec VPN 으로 연결한 서비스입니다. AWS 측은 매니지드 서비스이므로 운용이 필요하지 않지만, **거점 측에 배치되는 VPN을 제공하는 어플라이언스**_{appliance}**는 이용자가 직접 운용해야 합니다.** 전용선에 비해 짧은 리드 타임으로 가설할 수 있다는 장점이 있지만, 일반 회선 을 이용하기 때문에 대역이 안정적이지 않다는 단점이 있습니다. 그리고 회선에 장애가 발생한 경우 등에는 연결이 불가능하므로, **여러 회선 사업자를 이용해 여러 Site-to-Site VPN을 가설**하는 등의 대책이 필요합니다.

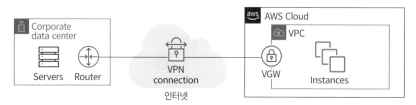

그림 3-11 Site-to-Site VPN 구성도

⬤ 온프레미스와의 연결 다중화

● **전용선 다중화**

전용선이 한 개뿐이라면 장애에 대한 내성이 부족하므로 **Direct Connect**(전용 네트워크 연결)을 다중화해야 합니다. Direct Connect를 제공하는 파트너 기업 여럿과 계약해,

각 파트너 기업과 이용자의 데이터 센터를 연결해두면, 한쪽 전용선을 포함하는 네트워크의 어딘가에 장애가 발생해도, 다른 한쪽으로 데이터 센터와 AWS 사이의 연결을 유지할 수 있습니다. Direct Connect를 제공하는 파트너 기업의 데이터 센터의 로케이션을 도쿄와 오사카와 같이 지역적으로 떨어뜨려두면[1], 리전 규모에 해당하는 장애에도 대응할 수 있습니다. 그때는 AWS의 시스템도 도쿄와 오사카에 구축해두는 등의 재해 대책이 필요합니다.

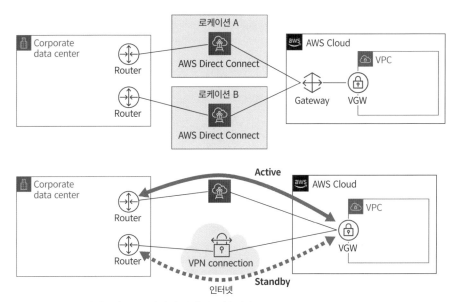

그림 3-12 온프레미스와 AWS 사이의 연결 다중화 패턴

● Direct Connect와 Site-to-Site VPN을 조합한다

온프레미스와의 연결 다중화 패턴으로 평상시 사용하는 연결은 Direct Connect를 이용하고, 대기 시 사용하는 연결은 Site-to-Site VPN을 사용하도록 구성할 수도 있습니다. 이 구성의 경우 AWS로부터 온프레미스로의 통신은 항상 Direct Connect를 우선합니다. 만일의 경우 대비하는 비용으로 충분한 예산을 확보할 수 없는 경우에 사용할

---

1 [옮긴이] 일본의 AWS 리전은 관동 지방(도쿄), 관서 지방(오사카)에 한 개씩 설치돼 있으며, 두 리전은 직선 거리로 약 400km 떨어져 있습니다. 한국의 AWS 리전은 서울에 한 개 설치돼 있습니다. AWS 리전 현황은 다음 URL에서 확인할 수 있습니다. https://aws.amazon.com/ko/about-aws/global-infrastructure/regions_az/

수 있는 효과적인 방법인지만 회선 품질에 병목이 일어납니다. Site-to-Site VPN의 최대 대역은 1.25Gbps(참고 3-9)이지만 Site-to-Site VPN은 인터넷 회선을 이용하므로, 반드시 1.25Gbps를 안정적으로 보증하는 것은 아닙니다. 그렇기 때문에 필연적으로 **온프레미스와 AWS 간의 통신에 영향을 미칩니다.** 엔터프라이즈 시스템이라면 전용선을 2회선 준비하는 것이 사업 유지성 측면에서 좋은 설계라 할 수 있습니다. 비용 측면에서 전용선과 VPN 연결을 조합해 다중화를 수행하는 경우에는 전용선에 장애가 발생해서 VPN 연결로 전환할 때 대역 제한 아래서 어떤 통신을 우선할 것인가, 즉 **시스템 축소 운영에 관해 미리 정의해둘 필요가 있습니다.**

참고 3-9   **Site-to-Site VPN 할당량**
https://docs.aws.amazon.com/ko_kr/vpn/latest/s2svpn/vpn-limits.html

3.3.6 멀티 리전, 멀티 클라우드가 필요한가?

고객에게 클라우드를 사용하는 시스템을 제안하면 리스크를 분산하기 위해 여러 클라우드에 시스템을 분산 배치하고 싶다는 요청을 받을 때가 있습니다. 한 개 회사의 클라우드 서비스만을 이용하다 장애가 발생했을 경우를 대비해, 여러 클라우드에 시스템을 배치하고 싶을 수 있습니다. 하지만 먼저 **한 개 회사의 클라우드의 하나의 리전으로, 여러 가용 영역을 사용해 시스템을 구축하는 것**에 관해 생각해야 합니다. 여러 가용 영역을 이용하면서 분산된 데이터 센터에서 시스템을 구축하는 것과 같기 때문에, 데이터 센터 규모의 장애에 대비할 수 있습니다.

여러 가용 영역을 이용해도 SLA가 요건을 만족하지 않는 경우가, 레이턴시에 문제가 있을 때는 **여러 리전에 시스템을 구축하는 것**을 검토합니다. 첫 번째 병목이 되는 것은 이용 비용으로 두 개 이상의 리전에 동일한 형태로 배치하므로, 비용은 두 배 이상이 듭니다. 또한, 기술적인 과제도 발생합니다. 예를 들어 리전 사이에서 어떻게 분산할 것인가, 리전 간의 데이터 동기를 어떻게 할 것인가 등의 이유로 시스템 요건 실현이 기술적으로 어려워집니다. 그리고 **리전별로 제공하는 서비스나 기능이 다르므로**, 이용하고 싶은 서비스나 기능이 시스템 진행을 예정하고 있는 각 리전에서 이용할 수 있는지 확인해야만 합니다. 마지막으로 각 리전의 시스템을 운영 감시해야 하므로 운용 업무는 복잡해집니다.

여러 클라우드 서비스를 활용해 시스템을 만들려면 멀티 리전을 사용할 때 이상으로 기술적인 난이도가 높아집니다. 예를 들어, 같은 데이터베이스에 각 클라우드의 매니지드 서비스를 이용하는 경우, 사양이나 이용자가 변경할 수 있는 매개변수가 다르기 때문에 완전하게 같은 것을 준비할 수 있다고 단정할 수 없습니다. 그렇기 때문에 각 클라우드 사이의 차이를 흡수하기 위한 개발 공수가 늘어납니다. 그리고 각 클라우드 서비스 사이에서 데이터 동기 등을 수행하려면, 각 클라우드 서비스에 만든 가상 네트워크들을 연결해야 합니다. 개별 클라우드 서비스의 리전 간 연결이라면 **클라우드 서비스 내부 네트워크를 이용하기** 위해 회선 속도는 고속이지만 클라우드 서비스 사이의 연결은 VPN 등을 이용하게 되므로, **한정된 회선 속도로 데이터 동기를 얼마나 실현하는가** 가 중요한 문제가 됩니다.

3.3.7 업데이트 방식 검토

클라우드상의 시스템을 운영하면서 피할 수 없는 이벤트가 보안 패치 운용, 애플리케이션 업데이트로 대변되는 시스템 업데이트입니다. 시스템 업데이트에는 재기동이 필요하거나, 업데이트에 따라 시스템이 정상 작동하지 않아 되돌리고 싶은 경우 등이 있습니다. 한편, 시스템 업데이트 작업에 손을 많이 들일수록 운용 작업 비용도 증가합니다. '서비스 정지를 받아들이고 업데이트한다', '축소 운영하면서 서비스를 멈추지 않고 업데이트한다' 등의 패턴이 있습니다. 지금부터 시스템 업데이트 방식을 알아보겠습니다.

●● 시스템 업데이트의 네 가지 방식

시스템 업데이트 방식은 크게 네 가지로 나눌 수 있습니다(표 3-3).

첫 번째 방식인 **All at Once**는 **모든 서버에 일괄적으로 업데이트를 수행하는 방법**입니다. 짧은 대기 시간으로 끝낼 수 있고, 추가로 리소스를 준비할 필요가 없다는 것이 장점입니다. 한편, 모든 서버에 업데이트를 하므로 문제가 발생해 복원을 해야 할 경우에는 백업을 사용해서 복원해야 합니다. 그리고 업데이트 시에 서비스를 정지시켜야 합니다.

표 3-3 시스템 업데이트 패턴

	All at Once	Rolling	Blue/Green	Canary
개요도	모든 서버에 대해 일괄 업데이트 	그룹으로 나누어 업데이트 	신규 환경을 준비하고 전환 	점진적으로 신규 환경으로 전환
장점	• 추가 리소스 불필요 • 단기간	• 추가 리소스 불필요 • 서비스 정지 없음	• 서비스 정지 없음 • 복원이 쉬움	• 서비스 정지 없음 • 복원이 쉬움
단점	• 복원이 어려움 • 서비스 정지 발생	• 복원이 어려움 (All at Once에 비해서는 쉬움)	• 추가 리소스 필요 • 전환까지 준비가 필요 • 데이터베이스 복원이 병목	• 추가 리소스 필요 • 전환 완료까지 지속적으로 대응 필요

두 번째 방식인 **Rolling**은 **업데이트 대상을 여러 그룹으로 나누고, 그룹별로 업데이트를 수행합니다.** 이 방식 역시 리소스 추가는 필요하지 않으며, 업데이트하지 않은 그룹만으로 서비스 제공을 유지할 수 있습니다. 단점으로는 이 방식도 업데이트를 수행한 리소스에 오류가 발생하면 백업으로부터 복원해야 하므로 복원이 어렵습니다. 단, 업데이트 전의 리소스가 남아 있을 가능성이 있으므로 All at Once 방식에 비해 서비스를 축소 운용하여 유지할 수 있습니다.

세 번째 방식인 **Blue/Green**은 **현재 환경의 리소스와 같은 양의 업데이트 완료 리소스를 새로운 환경으로 준비하고, 특정한 시점에서 이용자의 접근을 현재 환경에서 새로**

운 환경으로 전환합니다. 서비스를 정지하지 않고 업데이트를 완료한 리소스로 마이그레이션할 수 있어, 만일 원복을 하는 경우에도 현재 환경이 남아 있으므로 이용자의 접근 대상지를 원래대로 되돌려 복구할 수 있습니다. 단점으로는 일시적인 리소스 증가와 전환까지의 준비 등의 비용이 든다는 점, 데이터베이스 스키마 변경과 같은 업데이트의 경우는 복원이 불가능할 수 있다는 점을 들 수 있습니다.

마지막 방식인 **Canary**는 **현재 환경의 리소스에 업데이트한 리소스를 점진적으로 추가하면서, 단계적으로 업데이트한 리소스로 전환합니다.** 장단점은 Blue/Green 방식과 거의 유사합니다. 단, Blue/Green 방식은 모든 이용자가 한 시점에 업데이트 완료된 리소스로 대체되는 반면, Canary 방식은 일부 이용자만 새로운 환경을 이용하고 남은 이용자는 현재 환경을 계속해서 이용합니다.

어떤 방식이든 장단점이 있으므로 업데이트 빈도, 운용 체제, 비용 등을 고려해 업데이트 방식을 결정하고 운용 훈련을 합시다.

3.3.8 AWS Marketplace 활용

AWS에 시스템을 구축할 때 엔터프라이즈 애플리케이션과 온프레미스에서 이용하는 벤더 제품을 AWS에서 이용하고 싶을 수도 있습니다. 그런 경우 **AWS Marketplace** (참고 3-10)를 이용하면 **AWS상에서 사용할 수 있는 라이선스 등을 구입할 수 있습니다.** 제공 패턴은 벤더별로 다양하며, 가상머신으로서 제공되는 것, 가상머신에 설치할 수 있는 에이전트 형식으로 제공되는 것 등이 있습니다. 도입 전에 이용 방법 등을 잘 확인합시다.

참고 3-10 **AWS Marketplace**
https://aws.amazon.com/marketplace

AWS Marketplace의 장점은 클릭만으로 즉시 이용 가능하므로, 조달 시간이 불필요하다는 점을 들 수 있습니다. 이용료 지불은 AWS를 경유해 청구되며, AWS 이용료와는 별도로 Marketplace에서의 이용료 청구서가 발급되므로, 각각의 이용료를 명확하게 구별할 수 있습니다. 단점은 각 제품에 관한 문의처가 AWS Support 조직이 아니라 벤더의 문의 창구를 이용하기 때문에 접수 시간이나 대응 언어는 각 벤더에 따라 다르다는 점입니다.

AWS에서 벤더 제품을 도입할 때 AWS Marketplace를 이용하지 않는 방법도 있습니다. 제품에 따라 다르지만 벤더 또는 판매 대리점으로부터 직접 라이선스를 구입하고 AWS의 EC2 인스턴스상에서 작동시키는 애플리케이션도 있습니다. 이 경우 문의처는 벤더 또는 판매 대리점이 되며, 담당 영업이 연결돼 있으면 제품 도입 배경 등도 전달되므로 문의를 원만하게 해결할 수 있기도 합니다. 또한 현지 법인이나 벤더로부터 제품을 구입하면 현지 언어로 지원을 받을 수 있는 가능성도 있습니다. 단점으로서는 조달까지 시간이 걸리는 점을 들 수 있습니다.

표 3-4 벤더 제품을 AWS에서 사용하는 경우의 구입 방법

	AWS Marketplace에서 구입한 경우	BYOL의 경우
개요	클릭만으로 구매 가능 AWS Marketplace → AMI → Amazon EC2	벤더 판매 대리점을 경유해 조달 제품 벤더 → 판매 대리점 → Amazon EC2
장단점	• 즉시 이용 가능 • 월별 이용료는 AWS를 경유해 지불 • AWS Support는 이용할 수 없는 경우도 있음 • 벤더에 따라 다르지만 문의는 영어로만 진행되는 경우가 많음	• 조달에 시간이 필요 • 이용료는 라이선스에 따라 일괄 지불 또는 구독형으로 지불 • 문의 창구는 벤더 또는 판매 대리점이므로 현지어로 문의 가능

3.4 | 기능 요건과 비기능 요건

시스템을 개발하려면 무언가 실현하고자 하는 처리나 표시, 조작과 같은 요건이 존재하며, 이것을 미리 정리해야 합니다. 요건은 크게 두 종류로 나눌 수 있습니다. 입력한 정보를 저장하거나 이용자별로 다른 화면을 표시하는 등의 기능에 관한 기능 요건과, 시스템을 가능한 계속해서 작동시키고 싶거나 수 초 이내에 처리를 완료시키고자 하는 것과 같이 기능이 아닌 요건인 비기능 요건이 있습니다. 이번 절에서는 요건을 정리하는 데 참고가 되는 정보에 관해 설명합니다.

3.4.1 기능 요건

기능 요건이란 시스템을 개발해 서비스를 제공하기 위해 필요한 요구 사항을 모은 것입니다. 예를 들어 전자 상거래 사이트라면 상품 검색 기능을 갖는 것, IoT와 연동하는 데이터 분석용 시스템이라면 센서가 출력하는 형식의 데이터를 읽는 것, 회계 업무 시스템이라면 작성한 전표를 출력할 수 있는 것과 같은 업무를 수행하기 위해 시스템에서 실현해야만 하는 기능 목록이 이에 해당합니다.

기능 요건은 업무 자체를 수행하기 위해 필요한 요건이므로 클라우드에 요구되는 기능 요건은 그리 많지 않을 것입니다. 굳이 클라우드에 요구되는 기능 요건을 생각해보자면, 구현에 필요한 애플리케이션이 특정한 프로토콜을 사용해야 하는 경우에 클라우드가 해당 프로토콜에 대응해야 한다는 점을 들 수 있습니다.

3.4.2 비기능 요건

비기능 요건이란 시스템을 유지/지속하기 위해 필요한 요구 항목을 모은 것입니다. 시스템 유지에 필요한 요구 항목으로서 성능 요건이나 가용성 등을 생각할 수 있습니다. 클라우드 시스템 개발에 있어서도 기본적으로 IPA의 비기능 요건 등급(참고 3-11)을 사용해 요건을 정리하면, 누락 없이 도출할 수 있습니다. 이 밖에도 비기능 요건에 관한

다양한 참고 문서가 있으므로 검색 사이트 등에서 검색해 참고하면 편리합니다(참고 3-12~14).[2]

비기능 요건에서 주의해야 할 점은 **클라우드의 기능만으로 실시할 수 있는 비기능 요건과 애플리케이션을 포함해 실시해야만 구현할 수 있는 비기능 요건이 있다는 점입니다**. 예를 들어 가용성 요건을 만족해야 하는 경우, 여러 가용 영역에 인스턴스를 진행해서 로드 밸런서load balancer를 사용해 요청을 분산하도록 구축하면 컴퓨팅 리소스에는 문제없이 가용성을 확보할 수 있습니다. 하지만 애플리케이션에서 처리 중인 데이터 개별 인스턴스에 있는 경우, 인스턴스에 장애가 발생했을 때 로드 밸런서에서는 정상 인스턴스로 요청을 나눌 수 있지만, 처리 중인 데이터 정보는 인계되지 않으므로 재처리를 해야 합니다. 처리 중단 및 재처리에 관한 허용 여부는 시스템에 따라 다르지만, 허용할 수 없는 경우는 처리 중인 데이터를 애플리케이션상에서 공유할 수 있는 아키텍처로 만들고, 같은 서버에 요청을 이어서 보내는 기능 등이 있는 스티키 세션sticky session을 비활성화하는 등의 대책을 생각할 수 있습니다.

참고 3-11 **공공 SW사업 제안요청서 작성을 위한 요구사항 상세화 실무 가이드**
https://www.cisp.or.kr/wp-content/uploads/2021/03/2.공공SW사업-제안요청서-작성을-위한-요구사항-가이드-20210219.pdf

참고 3-12 **소프트웨어 개발 보안 가이드**
https://www.kisa.or.kr/2060204/form?postSeq=5&page=2

참고 3-13 **국가 클라우드 컴퓨팅 보안 가이드라인(2023.01)**
https://www.ncsc.go.kr:4018/main/cop/bbs/selectBoardArticle.do?bbsId=InstructionGuide_main&nttId=18590&pageIndex=1

참고 3-14 **소프트웨어 단계별 발주 가이드**
https://www.cisp.or.kr/wp-content/uploads/2020/02/SW단계별-발주-가이드-2020-0115-공개.pdf

---

2   옮긴이 원서의 내용과 완전히 일치하지는 않으나 유사한 정보의 한국 사이트다.

3.5 | 구현 및 운용 계획 시 유의점

클라우드에서 시스템을 개발한 결과 기대한 만큼 비용이 낮아지지 않거나, 운용 부하가 줄어들지 않는 등의 실패 사례를 자주 접합니다. 클라우드화가 잘되지 않는 이유는 이용할 서비스가 분산돼 관리가 번거로워지거나, 시스템마다 개별적으로 설정을 해서 같은 방식으로 운용할 수 없는 등 다양합니다. 이번 절에서는 클라우드에서 시스템을 개발할 때 결정해두면 좋은 클라우드 이용이나 운용 방침 설정에 관해 설명합니다.

3.5.1 클라우드에서 시스템을 만드는 이유를 명확히 한다

클라우드에서 시스템을 구축할 때는 마이그레이션해서 얻을 수 있는 여러 장점들 중 우선순위를 결정해둡시다. 클라우드로 마이그레이션하면서 얻는 장점은 3.2.1절에서 살펴본 것처럼 하드웨어 유지보수 운용에서의 해방, 필요에 따른 컴퓨팅 리소스 증감을 통한 비용 절감, 손쉽게 여러 데이터 센터에 시스템을 구축할 수 있는 가용성 향상 등 다양합니다. 이런 장점을 모두 누리면 좋겠지만 필요한 개발 비용이 증가하거나 시스템 규모에 따라 운용 비용이 늘어나는 등 클라우드 장점을 활용할 수 없는 경우가 있습니다. 예를 들어 소프트웨어 유지보수에서 해방되기 위해 클라우드에 맞지 않는 애플리케이션을 클라우드에서 무리해서 작동시키려고 하면 대규모의 애플리케이션 개발이 필요하게 돼, 운용 비용이 낮아지더라도 비용 회수까지 막대한 시간이 들게 됩니다. 또한 사내 이용이 멈추어도 문제없는 소규모 시스템에까지 모범 사례를 따라 다중화를 실시하면 클라우드 이용비도 높아집니다.

필자가 클라우드로의 시스템 마이그레이션을 지원할 때는 **트레이드오프 슬라이더**trade-off slider라는 사고방식을 이용해 **클라우드 시스템을 구축함에 있어서의 우선순위**를 미리 결정합니다. 트레이드오프 슬라이더란 우선순위를 결정하기 위한 사양입니다. 비용, 운용 부하, 보안, 이용 시간, 가용성 등의 매개변수에 대해 어떻게 우선순위를 부여할지 **프로젝트 팀 내에서 사전에 합의를 합니다.** 매개변수는 프로젝트 특성에 따라서도 달라지므로, 어떤 매개변수가 좋다고 일괄적으로 결정할 수는 없습니다. 하지만 품질, 비용, 개발 기간(소위 QCD)과 함께 범위(시스템에 기대하는 기능 요건 등)의 네 가지는 반드시 넣어야 한다고 생각합니다.

트레이드오프 슬라이더의 중요한 점으로 **모든 매개변수의 순위는 다르게 설정**해야 합니다. 같은 순위로 설정하지 않는다면, 이것도 저것도 모두 실현하고 싶다는 등의 사태를 피할 수 있습니다. 예를 들어 보안을 최우선으로 선택했다면 보안 대책에는 충분한 비용과 개발 기간을 할당합니다. 한편 비용을 최우선으로 선택했다면 우선순위가 낮은 것, 예를 들어 가용성의 우선도가 낮다면 가능성을 감소합니다. 보안, 가용성, 기타 여러 요건을 전부 실형하고 싶더라도, 비용은 들이고 싶지 않다는 허울 좋은 이야기는 불가능합니다. 필요한 비용을 들일 수 없다면 범위를 줄일 수밖에 없습니다. 트레이드오프 슬라이드는 무엇을 우선으로 삼을 것인가라는 의사결정을 명확히 하기 위한 도구입니다.

그림 3-13 트레이드오프 슬라이더

3.5.2 클라우드 이용 방침을 만든다

프로젝트나 부문에서 AWS를 이용하는 경우, 이용자가 원하는 대로 리소스를 만들면 관리가 불가능해지고, 이용 부문 내부에서 다른 방법으로 시스템을 만들어 운용 부담이 증가하는 상황이 발생하기 쉽습니다. 이런 사태를 피하기 위해 이용 방침을 정하고, 프로젝트나 부문 안에서 공통의 합의를 갖도록 해야 합니다.

그리고 거버넌스를 적용한다는 관점에서는 예방 제어를 통해 **이용자가 일탈 행위를 할 수 없도록 하는 것**, 탐지 제어를 통해 **잘못된 설정에 의한 취약한 상태가 되지 않도록 리소스를 감지해서 안정적인 상태로 하는 것**도 함께 수행하는 것을 잊으면 안 됩니다.

⬤◗ 이용 방침에 관한 사고방식

클라우드 이용 방침에는 몇 가지 패턴이 있습니다. 예를 들어 샌드박스~sandbox~(소프트웨어 개발의 테스트 환경)로 클라우드를 이용하는 경우, 다음과 같은 방침을 결정해야 합니다.

- 이용 기간은 90일
- 업무 시간 이후에 기동하는 가상머신은 강제로 종료(셧다운)합니다.
- 회사의 글로벌 IP 주소에서 AWS Management Console로 접근할 때만 조작 권한을 할당합니다.
- 설정하는 리소스에 설정일 태그를 부여합니다.
- 기밀 정보를 포함하는 파일 등을 클라우드 스토리지에 보관하지 않습니다.

이런 것들은 방침으로서 정할 뿐만 아니라, **방침을 어기면 자동적으로 클라우드를 이용할 수 없도록** 하는 등의 조치를 하면 좋습니다.

표 3-5 클라우드 이용 방침과 대책의 예

카테고리	방침 예	실시 대책 예
데이터 보호	데이터는 한국 국내에 저장	서울 리전만 이용하도록 제한
	데이터는 암호화	각 스토리지 서비스의 암호화 기능을 활성화
부정 이용 대책	이용 기간은 90일	기간을 넘긴 사용자의 조작 권한을 박탈
	회사의 글로벌 IP 주소에서만 AWS Management Console에 접근 가능하게 함	IAM 정책에서 IP 접근 제한을 설정
	기밀 정보를 포함한 파일 등을 S3등에 보관하지 않음	S3의 퍼블릭 접근 설정을 불가능하게 함
비용 관리	업무 시간 이후에 기동하는 가상머신은 강제로 종료	Amazon EventBridge 등을 이용해 정해진 시간이 되면 가상머신을 종료
	설정하는 리소스에 설정일 태그를 부여	이용 기간을 넘긴 리소스는 자동으로 삭제

엔터프라이즈 시스템을 위해 AWS를 이용한다면 조금 더 구체적인 이용 방침을 결정해야 합니다. 여러 시스템을 AWS에서 운용한다면 **이용하는 AWS 서비스를 가능한 갖추는 것으로** 설계를 유용할 수 있고, 운용 부담을 줄이는 등의 장점이 있습니다. 이 관점에서 컴퓨팅 리소스와 데이터베이스 이용 방침을 다음과 같이 결정할 수 있습니다.

- 컨테이너 이용을 원칙으로 하고 오케스트레이터는 ECS, 컨테이너 실행 환경에는 AWS Fargate를 기본으로 구성합니다.
- 데이터베이스는 매니지드 서비스를 원칙적으로 이용합니다.

비기능 요건이라면 스토리지 서비스인 S3 서버 사이드 암호화의 방식이 두 가지 패턴이 존재하지만, 공통 규칙으로서 'SSE-S를 이용한다'고 정하거나 백업 취득은 '시스템 개발 요건이 없는 한, 매일 0시에 백업을 얻어 7세대를 유지한다'로 결정해두면, AWS 기능으로 같은 규칙을 각 시스템에 진행할 수 있습니다.

3.5.3 AWS 서비스 업데이트 시 대응 방침

AWS 서비스는 연중 업데이트와 신기능이 출시되며 2020년에는 2757건 이상의 서비스 업데이트를 진행했습니다. 그 안에는 여러 서비스를 조합해 구현하던 것이 하나의 서비스로 구현 가능하게 된 것, 새로운 서비스를 사용해 운용 등의 오퍼레이션을 효율화할 수 있는 것 등 기존 아키텍처를 바꾸는 업데이트도 있었습니다. 단순히 비용이 개정된 것도 있어, 아무것도 하지 않아도 비용을 절감할 수 있는 경우도 있습니다.

이미 AWS에서 시스템을 작동시키고 있는 경우 **서비스 업데이트의 적용 여부가 하나의 분수령이 됩니다.** 새로운 서비스를 적용하면서 비용 절감이나 운용 개선을 예상할 수 있지만, 기존 시스템에 대한 영향을 신중하게 확인해야 합니다.

◐ 서비스 업데이트 구성의 캐치업 방법

마지막으로 최신 서비스 업데이트 정보를 얻는 방법을 소개합니다. AWS 서비스 업데이트는 **AWS 최신 정보**(참고 3-15) 페이지에 매일 추가됩니다. 하지만 단순 계산으로도 일 평균 일곱 번 이상 업데이트가 있으므로, 매일 확인하는 것은 양적으로 부담이 됩니다.

그리고 최신 정보는 영어로만 제공되며, 번역된 기사는 며칠 후가 돼야 제공됩니다. 그래서 최신 정보의 캐치업에 추천하는 것이 지난주에 있던 서비스 업데이트를 모아서 안내하는 **주간 소식 모음**(참고 3-16)입니다. 일주일간 릴리스된 업데이트 정보를 한국어 설명과 함께 제공하므로, 일주일 분량의 업데이트 전체를 확인하기 좋습니다. 그리고 상세 정보를 알고 싶은 업데이트가 있다면, 제공되는 링크를 통해 확인할 수 있습니다.

이벤트를 통한 캐치업도 중요합니다. **AWS re:Invent**는 AWS가 개최하는 최대 이벤트이며, 5일에 걸쳐 AWS의 최신 업데이트나 핸즈온 등의 다양한 세션, 워크숍을 통해 AWS 기술을 다루어볼 수 있습니다. 오프라인으로 참가하는 경우에는 미국 라스베이거스까지 가야 하므로 비용이 들지만, AWS를 이용하고 있는 전 세계 엔지니어들이 모이는 곳의 열기를 몸소 느낄 수 있습니다. 업데이트 정보뿐만 아니라 AWS 학습에 대한 모티베이션 향상, 같은 AWS를 사용하는 사람들과의 커뮤니케이션 등 셀 수 없이 많은 것을 얻을 수 있습니다.

참고 3-15 **AWS 최신 정보**
https://aws.amazon.com/ko/new/

참고 3-16 **주간 소식 모음**
https://aws.amazon.com/ko/blogs/korea/tag/week-in-review/

3.6 | 시스템의 대략적인 예상 비용 설정

클라우드 요금제가 종량제이기는 하지만 일반적인 기업이라면 시스템 개발에는 예산을 확보해야 합니다. 시스템 개발을 수주하는 개발 공급사 측이라면 시스템의 대략적인 비용을 제시할 수 있어야 할 것입니다. 이번 절에서는 먼저 AWS Pricing Calculator의 사용 방법 및 예상 비용 설정 시의 포인트를 소개하겠습니다.

3.6.1 AWS Pricing Calculator 사용 방법

클라우드로 만드는 시스템의 아키텍처, 최소한으로 필요한 가상머신 등 컴퓨팅 리소스 규모를 알았다면 AWS 예상 비용 도구를 사용해 얼마만큼의 비용이 들 것인지 어림 계산합니다. 그리고 이제부터 예산 확보를 담당하지만 예상 비용을 내보지 않았더라도 가상머신만이라도 좋으니 AWS의 예상 비용 도구를 다뤄볼 것을 권장합니다. **예상 비용 설정 시에 어떤 매개변수가 필요한가를 미리 알아두면 예산 획득을 위해 무엇을 결정해야 하는지 알 수 있기** 때문입니다. 실제 예상 비용의 어림 계산을 할 때는 아키텍처를 책정한 후 필요한 리소스의 매개변수를 결정하고, 예상 비용 도구를 사용해 어림 계산을 해서 예산 규모에 맞지 않으면 아키텍처나 리소스 매개변수를 변경하는 작업을 반복합니다.

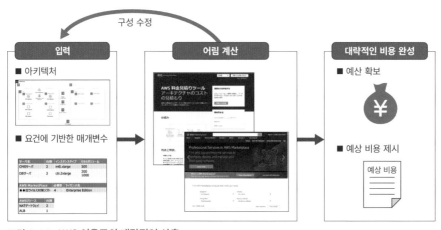

그림 3-14 AWS 이용료의 대략적인 산출

●● 예상 비용 도구 사용 방법

예상 비용 도구의 사용 방법을 알아봅시다. 간단하게 인스턴스 타입 m6l.xlarge, EBS Elastic Block Store 볼륨 300GB인 가상머신을 매일 열두 시간동안 기동한다고 가정하고 **AWS Pricing Calculator**(참고 3-17)에서 어림 계산해봅시다.

참고 3-17 **AWS 요금 계산기**
https://calculator.aws/

AWS Pricing Calculator 페이지에서 [**예상 비용 생성**] 버튼을 클릭합니다. 서비스 선택 화면으로 이동합니다. '위치 유형 선택'은 [**리전**], '리전 선택'은 [**아시아 태평양**(서울)]으로 설정한 후, 서비스 검색창에 'EC2'를 입력합니다. **Amazon EC2**가 나타나고, [**구성**] 버튼을 클릭합니다.

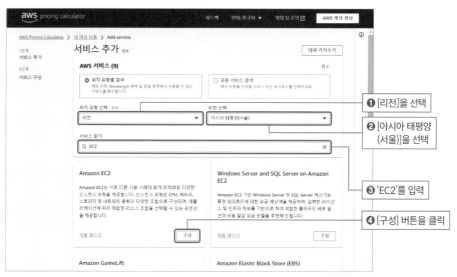

그림 3-15 서비스 선택

Amazon EC2의 예상 비용 설정 화면으로 이동합니다. '운영 체제' 목록에서 이용할 OS
를 선택합니다.

그림 3-16 OS 선택

인스턴스 패밀리, vCPU 수, 메모리(GiB) 크기를 선택하면 인스턴스 목록이 필터링되므
로 그중에서 이용할 인스턴스 유형을 선택합니다.

그림 3-17 인스턴스 유형 선택

지불 옵션에서 이용할 옵션을 선택합니다. 예시에서는 매일 열두 시간 가동하는 것을 가정했으므로 '온디맨드'를 선택합니다. 사용량에는 '12'를 입력하고 사용 유형은 [Hours/Day]를 선택합니다.

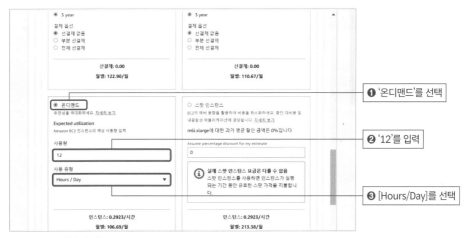

그림 3-18 지불 옵션

마지막으로 EBS 볼륨 옵션을 진행합니다. 스토리지 크기에 '300'을 입력합니다. 설정값을 확인한 후 [서비스 저장 및 추가] 버튼을 클릭합니다.

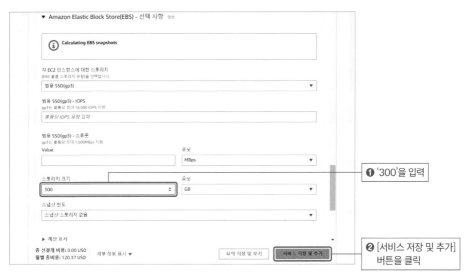

그림 3-19 EBS 옵션

'내 예상 비용'에서 예상 비용을 결과를 확인할 수 있습니다. 설정한 예상 비용은 CSV 등의 형식으로 출력할 수 있고, [공유] 버튼을 눌러 예상 비용을 AWS 서버에 저장할 수 있습니다.

그림 3-20 예상 비용 결과 확인

예상 비용 설정 도중 중단하고 싶은 경우나 리뷰를 부탁하고 싶은 경우 등에는 [공유]에서 URL을 생성합니다. URL을 생성한 예상 비용에는 누구나 접근할 수 있으므로, 설명란 등에 구체적인 시스템명 또는 고객 정보 등은 기입하지 않도록 주의해야 합니다.

그림 3-21 예상 비용 저장

더욱 정확한 예상 비용 설정 방법

이전 절에서 AWS Pricing Calculator의 사용 방법을 소개했습니다. 잠깐 본 것만으로도 인스턴스 유형과 디스크 크기 외에도 어떤 OS를 사용하는가, 어떤 구입 옵션을 설정할 것인가, 디스크 성능 요건 등 **많은 매개변수가 필요하다**는 것을 알았을 것입니다. 하지만 안타깝게도 추정 비용 계산 단계에서 모든 매개변수를 확실하게 결정하는 것은 불가능합니다.

필자가 예상 비용을 설정할 때 사용하는 방법으로 특정 AWS 서비스에 대해 비용 계산에 큰 영향으로 주는 매개변수를 주시합니다. 예를 들면 어떤 AWS 서비스의 이용료가 세 개의 매개변수로 결정된다고 가정합니다. 매개변수 A는 비용에 대한 기여도가 크므로 예상 비용 설정 시 값을 두 배 잘못 입력하면서 올바른 값에서 60%까지 상승합니다. 한편 비용에 대한 기여도가 작은 매개변수 C는 값을 두 배 잘못 입력해도 올바른 값에 대해 10% 정도만 어긋납니다. 그렇기 때문에 매개변수 A의 값을 정확하게 입력하는 데 주력하는 편이 효율적으로 정확한 값에 가까워질 수 있습니다. 이렇게 각 매개변수의 기여도 정도를 조사할 때는 **AWS Pricing Calculator상에서 매개변수를 예를 들어 1, 10, 100으로 움직여보고, 서비스 이용료에 얼마나 영향을 주는지 비교하는 작업을 반복합니다.** 1을 입력했을 때와 100을 입력했을 때 이용료가 거의 변하지 않으면 기여도가 작은 매개변수이고, 이용료가 크게 변하면 기여도가 높은 매개변수입니다. 기여도가 높은 매개변수는 추정 비용 계산 단계에서도 가능한 오차가 없는 값에 가깝게 조정합시다.

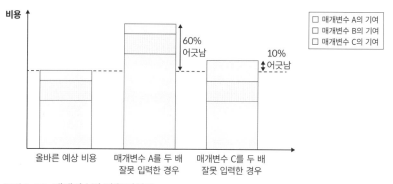

그림 3-22 매개변수별 비용 기여도

AWS 이용료의 어림 계산이 어려운 이유로 예상 비용에 사용하는 매개변수를 결정할 수 없다는 점이 있습니다. 예를 들어 로그를 저장하는 스토리지 용량 등은 실제로 로그를 출력해보지 않으면 알 수 없습니다. 이렇게 작동시켜보지 않으면 알 수 없는 매개변수는 **페르미 추정**Fermi estimate을 통해 어림 계산할 수밖에 없습니다. 페르미 추정은 실제로 조사하기 어려운 수량을 가설에 기반해 논리적으로 추측해서 어림 계산하는 방법입니다. **유사한 시스템 사례나 규모가 비슷한 시스템의 실적값 등을 참고해서 어림 계산 로직을 만들어갑니다.** 예를 들어 웹사이트의 데이터 전송량이라면 '(평균 페이지 크기) × (평균 접근 수)'로 어림 계산을 할 수 있습니다. 페르미 추정을 통해 어느 정도 어림 계산하면 더욱 정교한 예상 비용을 설정할 수 있습니다. 그렇다 하더라도 어림 계산 단계에서는 예상 비용을 설정할 수 없는 비용이 있습니다. 비용과 가장 직결돼 있으면서도 간과할 수 없는 것으로 환율이 있습니다. 그렇기 때문에 **어림 계산한 결과에 대해서는 위험 비용을 상정하는 것**을 권장합니다.

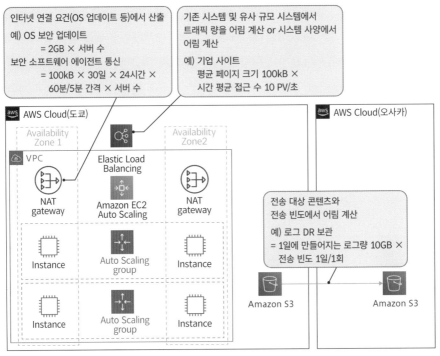

그림 3-23 페르미 추정에 의한 데이터 전송량 어림 계산 이미지

CHAPTER

4

비기능 요건
노하우

비기능 요건은 시스템을 안정적으로 가동시키기 위한 윤활유 같은 역할을 합니다. 엔진이 아무리 훌륭해도 윤활유가 없으면 엔진은 잘 작동하지 않습니다. 즉 비기능 요건을 올바르게 구현하지 않으면 시스템 장애나 보안 사고에 따라 사회적 신용을 잃게 됩니다. 이번 장에서는 비기능 요건에 대한 사고방식이 클라우드에서 달라지는 점에 초점을 두고 설명하겠습니다.

4.1 | 계정 관리

AWS에서 시스템을 구축할 때 자주 혼동되는 용어에 계정이 있습니다. '계정'이 가리키는 대상으로는 OS나 애플리케이션 이용자의 계정, 이 밖에도 AWS 계약 단위인 'AWS 계정'이 있으며, 여기에 AWS Management Console 이용자인 'IAM 사용자'도 존재하기 때문에 '계정'이라는 용어가 대화 도중 무엇을 나타내고 있는가에 대한 인식 차이가 발생하게 됩니다. 이번 절에서는 먼저 계정의 종류를 정리하고, AWS 계정과 IAM 사용자 설계와 관련된 노하우에 관해 설명하겠습니다.

4.1.1 '계정'은 무엇을 가리키는가?

시스템을 이용하면 '반드시'라고 할 수 있을 만큼 **계정**account이 등장합니다. 일반적으로 계정이라 하면 사용자를 식별하는 ID와 인증에 사용되는 비밀번호 쌍을 가리킵니다. 하지만 AWS에서 시스템을 구축하는 경우 계정은 여러 가지를 가리킵니다.

예를 들어 AWS 계정은 **12자리로 관리되는 AWS의 환경 그 자체**를 가리킵니다. AWS 계정은 청구 정보를 모으기 위해 제공하는 관리 계정과 AWS Organizations로 관리되는 멤버 계정으로 나눠집니다.

그 외에도 AWS 계정을 얻을 때 등록한 메일 주소를 사용해 인증하는 루트 사용자, AWS Management Console에 로그인해서 조작하기 위해 이용하는 IAMidentity and access management 사용자라는 계정, 여기에 구축한 워크로드에 이용자의 인증/인가를 한다면 여기에도 계정이 필요합니다. 그렇기 때문에 계정이라고 할 때는 AWS 계정을 가리키는 것인지, 애플리케이션 이용을 위한 계정인지 명확하지 않으면 인식에 차이가 발생하므로 주의해야 합니다.

표 4-1 AWS에서 시스템을 구축하는 경우의 주요한 계정의 종류

계정 종류	AWS 계정	콘솔 계정	기타 계정
개요	AWS와의 계약 단위로 12자리의 번호로 식별된 계정 • **관리 계정(구 마스터 계정)** AWS Organizations 조직 전체를 관리하는 권한을 가진 계정. 이 계정에 청구 정보가 모이므로, 청구 계정이라 부르기도 함 • **멤버 계정** AWS Organizations 조직에 소속된, 관리 계정 이외의 AWS 계정. 청구는 관리 계정에서 실시	AWS Management Console에 접근하기 위한 계정 • **루트 사용자** AWS 계정 설정 시에 등록한 메일 주소로 인증하는 계정. 그 AWS 계정으로 모든 AWS 서비스와 리소스에 대한 완전한 접근 권한을 가짐 • **IAM 사용자** AWS Management Console에 접근하기 위한 계정. 정책에 따라 업무상 필요한 AWS 서비스와 리소스에 대한 권한이 부여됨	OS나 애플리케이션에 접근하기 위한 계정 • **OS 계정** 윈도우나 리눅스 등 OS 계층에 대한 접근에 이용하는 계정 • **시스템 이용자 계정** AWS에 구축한 시스템을 이용하는 최종 사용자에게 할당하는 계정

4.1.2 AWS 계정 관리

AWS에서 시스템을 만들 때 가장 먼저 설정하는 것이 AWS 계정입니다. 특히 가장 먼저 설정한 AWS 계정에 AWS 이용료를 시작으로 하는 청구 정보를 모으는 형태로 운용하는 경우가 많으므로 청구 계정, 계약 계정으로도 부릅니다.

AWS 계정 하나라면 AWS의 서비스를 활용해 시스템을 구축할 수 있습니다. 하지만 권한 관리나 리소스 사이의 접근 관리 등과 같은 관리 업무의 번잡함을 피하기 위해 **명시적인 환경 분리를 목적으로 여러 계정을 이용하는** 경우가 많습니다. 하나의 AWS 계정 안에 여러 시스템을 배치하거나 개발용과 프로덕션 환경을 배치하는 등의 경우 개발 환경을 변경해야 하는데 실수로 프로덕션 환경을 변경하거나 A 시스템과 B 시스템이 실수로 통신 가능한 상태가 되는 등의 문제가 발생할 수 있습니다. 온프레미스 시스템이라면 개발용과 프로덕션용 환경을 물리적으로 나누면 예상 외의 변경이 발생하는 것을 방지할 수 있습니다. **AWS 경우도 마찬가지입니다. 개발용과 프로덕션용으로 AWS 계정을 나누는 것이 좋습니다.** 이렇게 여러 AWS 계정을 준비해서 시스템을 구성하는 것을 **다중 계정 아키텍처**multi-account architecture라 부릅니다.

다중 계정 아키텍처의 장단점은 다음과 같습니다.

장점

- AWS 계정이라는 경계를 설정해 권한이나 리소스를 명확하게 분리할 수 있습니다.
- 문제 발생 시 문제가 파급되는 것을 방지할 수 있습니다.

단점

- AWS 계정을 아우르는 연동을 위해서는 별도의 설정이 필요합니다.
- AWS 계정이 나눠짐에 따라 구축이나 운용 시 장황한 작업이나 추가 작업이 발생할 수 있습니다.

◖◗ 다중 계정 아키텍처의 사고방식

다중 계정 아키텍처에 관해 좋은 사고방식에 관해 설명합니다.

● 완전 독립 패턴

여러 AWS 계정을 완전히 독립시키고, 상호 연동이나 기능 조합을 수행하지 않는 패턴입니다. 이 패턴에서는 각각의 AWS 계정 내부에 대한 전권을 보유자가 가지므로 개발 자유도가 극적으로 높아집니다. 그리고 AWS 계정마다 청구서가 발생되므로, 부문별 사용 비용이 명확합니다. 한편 각 AWS 계정에 대해 거버넌스나 운용 등 공통화할 수 있는 부분을 별도로 검토해야 하므로 개발 오버헤드가 커집니다.

● 지불 통합 패턴

AWS 계정을 부문 및 시스템별로 나누어 준비하는 패턴입니다. AWS 계정이 분할돼 있으므로 시스템이나 부문 사이의 권한이 명시적으로 나눠집니다. AWS 계정을 아우르며 접근하기 위해서는 별도의 설정을 수행해야 하므로, 시스템 간 의도치 않은 통신이 이루어지는 상황이 발생하지 않습니다. 청구서는 청구 계정에서 발행되므로 정산 처리를 일괄적으로 완료할 수 있습니다. 단점은 완전 독립 패턴과 마찬가지로 공통 기능 개발의 중복으로 인한 오버헤드, 계정을 아우르는 거버넌스 통제를 수행하기 어렵다는 점을 들 수 있습니다.

● 기능 집약 패턴

지불 통합 패턴을 한층 발전시켜 **시스템별로 AWS 계정을 나누고, 공통 기능을 집약한 AWS 계정도 제공하는 패턴**입니다. 지불 통합 패턴의 장점을 살리면서 공통 기능을 집약하여 중복 개발을 피할 수 있습니다. 공통 기능의 예로는 로깅, 감사, 운용, 인터넷 연결, 전용선 서비스 연결 설정 등을 들 수 있으며, 기업이나 시스템이 지켜야 할 규약과 정책에 맞춰 만들면 좋습니다. 단점은 공통 기능을 고려한 시스템 설계의 난이도가 높아진다는 점, 공통 기능에 대한 비용 분담 방법을 정해야 한다는 점, 시스템 및 기능별로 AWS Management Console이 나눠져 있어 운용이 번거로워지는 운용 과제 등을 들 수 있습니다.

표 4-2 다중 계정 아키텍처의 세 가지 패턴

	완전 독립 패턴	지불 통합 패턴	기능 집약 패턴
구성	aws 제조 부문 aws 개발 부문	aws 관리 aws 제조 부문 aws 개발 부문	aws aws aws 관리 인증 로깅 aws 시스템 A aws 시스템 B
특장점	리소스 이용, 지불을 완전히 독립시킨다. 각 계정은 서로 간섭하지 않는다.	지불은 통합하지만, 각 계정 안의 관리는 각각 수행한다.	시스템 감사나 보안 등 공통 기능을 가진 계정을 집약한다.
이용자 자유도	큼		작음
관리성	낮음		높음

●● 다중 계정 아키텍처의 주의점

마지막으로 다중 계정 아키텍처에서의 주의점에 관해 소개합니다.

● 예약 인스턴스와 절감형 플랜의 취급

비용 절감을 위해 예약 인스턴스 및 절감형 플랜을 활용하는 경우, **명시적으로 설정하지 않으면 다중 계정 아키텍처 아래의 모든 계정에 적용됩니다.** A 부문이 소유한 AWS 계정용으로 구입한 예약 인스턴스가 다른 부문의 AWS 계정에 적용되는 상황이 발생할 수 있습니다. 이것을 방지하는 방법은 AWS 문서를 참조하기 바랍니다(참고 4-1).

참고 4-1 예약 인스턴스 및 절감형 플랜 공유 할인 비활성화
https://docs.aws.amazon.com/ko_kr/awsaccountbilling/latest/aboutv2/ri-turn-off.html#ri-turn-off-process

● **AWS Support 취급**

AWS Support는 AWS를 이용하면서 발생한 질문이나 문제에 관한 문의, AWS 서비스 이용 상한의 완화 신청이나 기능 요구를 낼 수 있는 서비스입니다. 플랜에 따라 질문의 긴급도를 설정하거나 테크니컬 계정 관리자의 지원을 받을 수도 있습니다. AWS Support는 **AWS 계정별로 플랜을 바꿀 수 있습니다.** 프로덕션 워크로드를 실행하는 AWS 계정은 비즈니스 플랜, 개발 환경을 실행하는 AWS 계정은 기본인 베이식 플랜으로 설정할 수도 있습니다. 여기가 주의할 점인데, AWS Support에 대한 문의는 각 AWS 계정에서 수행하게 되므로, 베이식 플랜을 사용하는 개발용 계정에서는 기술에 관한 질문을 할 수 없습니다. 각 AWS 계정에 어떤 AWS Support 플랜을 적용할 것인지 잘 검토할 것을 권장합니다.

4.1.3 루트 사용자 관리

AWS 계정을 설정했다면 AWS Management Console에 로그인합니다. AWS Management Console에는 몇 가지 방법으로 로그인할 수 있습니다.

◖◗ 루트 사용자 관리 모범 사례

AWS 계정을 설정하고 가장 먼저 AWS Management Console에 로그인할 때는 AWS 계정을 설정했을 때 등록한 메일 주소를 사용해 인증하는 루트 사용자라는 계정을 이용합니다. AWS 계정 생성 직후에는 기본적으로 이 루트 사용자만 존재하므로 이 계정을 이용해서 초기 설정을 수행하는 경우가 많습니다. 다만, 루트 사용자는 AWS 계정에서 최고 권한을 가지므로 신중하게 취급해야 합니다. 만일 루트 사용자가 유출되면 AWS

계정 자체가 유출되는 것과 같습니다. 루트 사용자를 가장 적절하게 다루기 위한 모범 사례가 제공되므로 반드시 준수하기 바랍니다(참고 4-2).

참고 4-2 **AWS 계정에 대한 루트 사용자 모범 사례**
https://docs.aws.amazon.com/ko_kr/accounts/latest/reference/best-practices-root-user.html

핵심은 다음과 같습니다.

- 액세스 키는 생성하지 않습니다.
- 부득이하게 액세스 키가 필요한 경우에는 정기적으로 로테이션합니다.
- 루트 사용자의 비밀번호와 액세스 키를 다른 사람에게 공유하지 않습니다.
- 비밀번호는 강력한 것을 사용합니다.
- **MFA**multi-factor authentication를 활성화합니다.

여기에 더해 다음과 같은 운용 규칙을 설정하면 더욱 안전합니다.

- 하드웨어 MFA를 금고에 관리합니다. 금고는 관리직 등 특정한 사람만 열 수 있도록 합니다.
- 루트 사용자 로그인 시 메일이나 메시지를 통해 자동 알림을 보냅니다.

MFA 활성화 등 모범 사례에 따른 루트 사용자 관리 방법의 실습은 6.2절에서 소개하겠습니다.

다중 계정 아키텍처를 채용하는 경우, **각 AWS 계정으로 루트 사용자가 생성됩니다.** 그렇기 때문에 **루트 사용자를 누군가가 관리해야만 합니다.** 루트 사용자만 수행할 수 있는 태스크(참고 4-3)가 있으므로, 각 AWS 계정의 이용자에게 루트 사용자를 전달하고 싶겠지만, 권한이 강력해 잘못 취급하면 AWS 계정 내부 환경이 망가집니다. 최소 권한 액세스 부여grant least privilege access에 따르면, 필요할 때만 루트 사용자를 이용할 수 있도록 하는 것을 권장합니다. 그림 4-1은 세 개의 시스템 개발을 수행하는 예입니다. 각 시스템 개발 프로젝트 관계자는 루트 사용자를 사용할 수 없도록 하고, PMO(프로젝트 관리 조직)project management office 등 **AWS를 관리하는 역할을 하는 사람**이 각 AWS 계정의 루트 사용자를 책임지고 관리합니다. 루트 사용자만 수행할 수 있는 작업은 PMO에게 의뢰해 실시하도록 규칙을 정해두면 불필요하게 루트 사용자를 이용하는 것을 방지할 수 있습니다.

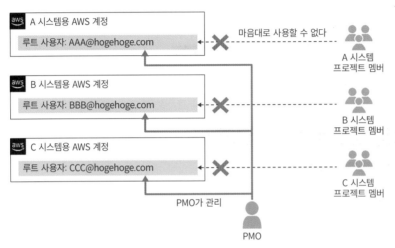

그림 4-1 루트 사용자 관리 방법 이미지

참고 4-3 **루트 사용자 보안 인증이 필요한 작업**
https://docs.aws.amazon.com/ko_kr/accounts/latest/reference/root-user-tasks.html

그 밖에도 **루트 사용자의 로그인이 AWS CloudTrail에 기록되는 것**을 활용해 Amazon **EventBridge**를 통해 로그인 기록을 트리거로 하여 알림을 보낼 수도 있습니다. 구성으로는 그림 4-2와 같이 여기에서는 알림 대상을 슬랙으로 설정했지만, 메일로도 알림을 보낼 수 있습니다. 실제로 슬랙에 도착하는 알림은 그림 4-3처럼 로그인한 시점, 로그인 성공 여부 등의 정보가 기재되므로 규칙을 어긴 루트 사용자의 이용을 감지할 수 있습니다.

루트 사용자의   조건에 매치한 이벤트를   알림 대상으로   챗봇과 슬랙의 워크
로그인이   트리거로 Amazon   AWS Chatbot을   스페이스를 연동해, 지정한
기록됩니다.   SNS를 기동합니다.   선정합니다.   채널에 알림을 보냅니다.

AWS CloudTrail   Amazon   Amazon SNS   AWS Chatbot
                  EventBridge

그림 4-2 루트 사용자 로그인 시 슬랙을 통해 알리는 구조

그림 4-3 슬랙으로 전달된 루트 사용자의 로그인 알림 예

4.1.4 IAM 사용자와 IAM 역할 관리

AWS Management Console에 로그인을 하는 경우 일반적으로는 IAM 사용자를 사용
합니다. **IAM 사용자**는 AWS Management Console 및 API를 통해 AWS의 조작을 수
행하기 위한 계정입니다. 기본적으로 이용자당 하나씩 할당됩니다. AWS 계정 내부 환
경 조작에 이용하므로, 루트 사용자와 마찬가지로 **다른 사람에게 공유하지 않고, MFA**
를 활성화하는 등 취급에 주의해야 합니다. 모범 사례에 따른 IAM 사용자 준비에 관해
서는 6.2절에서 설명합니다.

IAM 사용자는 AWS 계정에 대한 인증 기능뿐만 아니라 IAM 정책과 IAM 엔티티의 권
한 범위permissions boundary에 허가된 권한을 조작할 수 있습니다. IAM 사용자마다 IAM
정책을 할당하는 것은 어려우므로, IAM 그룹에 IAM 정책을 할당하고 IAM 사용자를
연결합시다.

IAM 사용자와 비슷한 기능으로 **IAM 역할**이 있습니다. IAM 정책을 이용해 AWS 계정 내부에서 실행할 수 있는 조작을 제한할 수 있는 등, IAM 사용자와 공통되는 점이 많습니다. 차이는 IAM 사용자는 특정 사람에게 유일하게 연관되지만, IAM 역할을 주로 AWS 서비스나 애플리케이션에 부여하는 형태로 사용되며, 이용할 임의의 IAM 엔티티(IAM 사용자, IAM 역할)가 그 권한을 받는다는 점입니다. 그리고 IAM 역할에는 비밀번호나 액세스 키가 없고, 역할을 받을 때 일시적인 보안 인증 정보가 제공됩니다.

⬤ IAM 사용자를 최소한으로 설정하거나 설정하지 않고 AWS를 이용하는 방법

AWS를 많은 사람이 이용하거나 다중 계정 아키텍처를 조합하는 경우, 각 AWS 계정에서 IAM 사용자를 설정하면 이용자 관리가 번거로워집니다. 그래서 **IAM 사용자를 최소한으로 설정하거나 설정하지 않고 AWS를 이용하는 방법**을 제공합니다.

● 역할로 전환을 통해 조작하는 AWS 계정을 전환하는 패턴

IAM 사용자 인증용 AWS 계정을 준비하고, 다른 AWS 계정에는 역할로 전환switching to a role으로 권한을 일시적으로 부여함으로서, 역할을 변경한 후의 AWS 계정으로 조작할 수 있습니다.

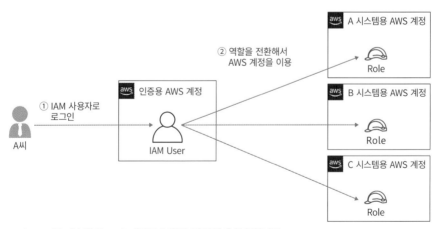

그림 4-4 각 시스템의 AWS 계정은 역할을 전환해서 이용합니다.

● AD FS를 이용하는 패턴

기존의 Active Directory가 있는 경우 **AD FS**active directory federation service와 IAM 역할을 연동할 수 있습니다. Active Directory로 인증을 수행하며, 인증 정보를 AWS와 연동해 AWS에서의 일시 보안 인증 정보가 발행됩니다. 일시 보안 인증 정보를 기반으로 AWS상의 IAM 역할에 할당된 권한에 따라 AWS 리소스를 조작할 수 있습니다. 이 경우, 이용자는 사내 시스템과 마찬가지로 ID와 비밀번호로 AWS를 이용할 수 있어 이용성이 높아지는 것은 물론 회사의 Active Directory와 연동하므로 사원의 이임이나 이동에 따라 권한이 자동으로 변환됩니다. 한편 각 AWS 계정에 대해 ADFS와의 연동이나 IAM 역할을 설정해야 하므로, 통제하는 측의 운용 부하는 높아집니다.

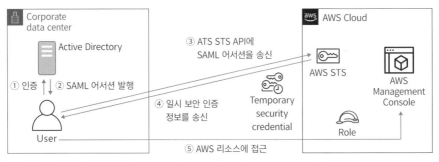

그림 4-5 Active Directory 인증 정보를 기반으로 AWS 계정을 이용합니다.

● AWS IAM Identity Center를 이용하는 패턴

AWS IAM Identity Center(구 AWS Single Sign-On)는 여러 AWS 계정과 애플리케이션으로의 Single Sign-On을 제공하기 위해 제공되는 매니지드 서비스입니다. 이를 이용하면 IAM 사용자를 설정하지 않고, 여러 계정으로 접근할 수 있습니다. ADFS를 이용하는 패턴과 마찬가지로 기존의 Active Directory와 연동하거나 Azure AD 및 Okta 등 사용자 ID 관리를 제공하는 각종 서비스도 연동할 수 있습니다. IAM Identity Center를 다른 클라우드 애플리케이션과 연동하면 IAM Identity Center의 포털 화면에서 AWS뿐만 아니라 클라우드 애플리케이션에 접속할 수도 있습니다.

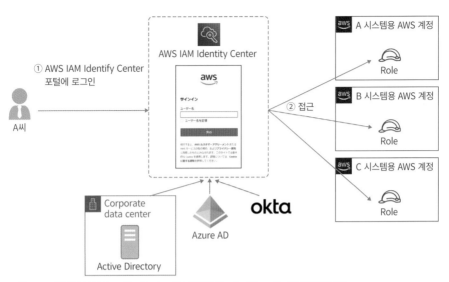

그림 4-6 AWS IAM Identify Center를 이용해 Single Sign-On을 구현합니다.

◑ IAM 정책 설정에 관한 사고방식

IAM 사용자 취급을 결정했다면 이어서 IAM 정책을 어떻게 설정하는지가 중요합니다. IAM 정책은 AWS의 API로의 접근 권한, 즉 조작 권한을 관리하기 위한 기능입니다. 200개 이상의 AWS 서비스별로 정의된 각 API의 권한을 매우 상세하게 설정할 수 있습니다. '어떤 AWS 서비스의', '어떤 조작을', '어떤 리소스에 대해', '허가 또는 금지'하는 구조로 기술합니다.

IAM 정책은 크게 관리 정책과 인라인 정책으로 나눕니다. 관리 정책은 AWS에서 사전에 정의된 AWS 관리 정책과 이용자가 설정하는 커스텀 관리 정책이 있습니다. **AWS 관리 정책은 편집할 수 없으므로, 관리 정책의 부족한 부분을 커스텀 관리 정책으로 보완하는 형태입니다.**

관리 정책은 여러 IAM 사용자나 IAM 역할에 공유할 수 있으며, 커스텀 관리 정책을 수정하면 해당 정책이 부여된 IAM 사용자와 IAM 역할 모두에 반영할 수 있습니다. 한편 인라인 정책은 IAM 사용자나 IAM 역할에 내장되는 정책이라 불리며, 내장된 IAM 사용자와 IAM 역할로만 재이용할 수 있습니다.

AWS에서는 최소 권한 원칙을 전제로 하며, 필요한 만큼만 권한을 부여하는 것이 모범 사례입니다. 하지만 실제로 운용을 하다 보면, 권한이 부족해 유지보수 작업을 할 수 없게 되거나 반대로 권한을 너무 많이 부여한 결과 오조작으로 인해 리소스가 삭제되는 경우도 발생합니다. 따라서 IAM 정책 설정에 관해 조금 더 깊게 생각해봅시다.

● **IAM 정책 설정 패턴**

IAM 정책은 지정한 조작을 허가 또는 거부하는 두 가지 패턴으로 기재할 수 있습니다. 그렇기 때문에 IAM 정책 설정은 두 가지 패턴을 생각할 수 있습니다.

허가 리스트 패턴

허가allow **리스트 패턴**은 허가할 권한을 부여하는 패턴입니다. IAM 정책이 부여된 IAM 사용자나 IAM 역할은 허가된 조작만 실행할 수 있으므로, 보안상 안전하다고 말할 수 있습니다. 또한 새로운 서비스나 새로운 기능을 출시했을 때는 접근 권한이 없으므로, 임의로 이용될 리스크가 없습니다. 단점은 허가되지 않은 조작을 전혀 수행할 수 없으므로, 권한 부여가 부족한 경우에는 실행하고 싶은 조작을 할 수 없다는 것입니다. 필자 역시 시스템 유지보수에 할당된 IAM 정책에 권한이 부족해 아무것도 하지 못하고 작업을 중지한 경험이 있습니다.

거부 리스트 패턴

거부deny **리스트 패턴**은 금지하도록 조작하는 권한을 빼앗는 패턴입니다. 빼앗은 권한 외의 권한은 허가하는 것이 되므로, IAM 정책이 부여된 IAM 사용자나 IAM 역할은 허가 리스트 패턴에 비해 허가된 권한이 많아지고, 이용자의 자유도는 높아집니다. 그리고 금지 사항이나 이용하지 않는 서비스를 리스트 업하면 되기 때문에 설계도 비교적 쉽습니다. 한편 새로운 서비스가 출시된 경우, 이용이 금지되지 않고 이용자가 임의로 이용할 수 있게 되므로 새로운 서비스가 출시되면 거부 리스트를 업데이트해야 합니다.

두 가지 패턴의 공통점으로 IAM 사용자와 IAM 역할에 부여할 수 있는 관리 정책의 상한은 스무 개, IAM 정책에 기재할 수 있는 문자 수는 쿼터라 불리는 6144자의 상한이 있으므로 IAM 정책 설계 시 주의해야 합니다(참고 4-4). 허가 리스트 또는 거부 리스트만으로 구현하려고 하면 정책 가독성이 낮아지거나 운용 부하가 높아지기도 합니다. 그런 경우에는 **허가 리스트와 거부 리스트를 섞은 하이브리드 패턴**도 이용할 수 있습니다. 하이브리드 패턴은 허가 리스트를 사용해 대략적인 허가를 하고, 거부 리스트로 금지할 조작을 거부함으로 통제할 수 있습니다. 중요한 것은 필요한 유지보수성과 보안 요건, 개발에 대한 영향 등을 고려해 IAM 정책의 설계 사상을 정의하는 것입니다.

참고 4-4　**IAM 객체 할당량**
https://docs.aws.amazon.com/IAM/latest/UserGuide/reference_iam-quotas.html#reference_iam-quotas-entities

최소 권한의 IAM 정책을 처음부터 설정하기란 어렵습니다. 특히 다중 계정 아키텍처에서는 각 AWS 계정에 대해 필요한 만큼의 정책을 정확하게 조사해야만 합니다. **IAM Access Analyzer**라는 기능을 이용하면, 과거의 액티비티를 분석해 필요한 만큼의 IAM 정책을 생성할 수 있습니다. 단, 이것은 어느 정도 AWS에서 수행하는 조작이 결정된 운용 단계에서는 효과적이지만, 개발 단계 등에서는 어제까지와는 다른 조작을 수행하는 경우도 많으므로 만능이라고 할 수는 없습니다. 허용할 수 있는 리스크와 그렇지 않은 리스크를 정리하고, 허용할 수 없는 리스크에 관해서는 강력한 제한을 걸고, 허용할 수 있는 리스크는 로그를 수집해 감지할 수 있도록 하는 방법도 생각할 수 있습니다. 자세한 내용은 다음 절에서 설명합니다.

4.1.5　예방 제어와 탐지 제어

이전 절에서는 IAM 사용자 관리로서 권한을 부여하는 방법에 관해 설명했습니다. 실제 개발 현장에서는 **리스크를 피하기 위해 통제를 강하게 하려는 생각과 개발에 대한 제약을 받고 싶지 않다는 생각이 충돌하는 경우가 많습니다.** AWS 조작 권한을 너무 줄이면 개발 속도나 운용 유연성을 해치고, 그렇다고 해서 권한을 너무 많이 부여하면 보안 사고가 일어나거나 구축해놓은 환경이 엉망이 될 수 있습니다. 개발자가 안전하게, 그리고 빠른 속도로 개발할 수 있도록 하기 위해서는 가드레일을 설치해야 합니다. 자동차를 예로 들면 신호가 많은 거리에서는 속도를 줄이지만, 안전이 확보된 서킷에서는 고속으로 주행할 수 있는 것과 같습니다. 개발자에게 안전한 개발 환경을 제공하기 위해 '예방 제어'와 '탐지 제어'라는 사고방식을 갖는 것이 좋습니다.

●● 예방 제어

예방 제어preventive control는 보안 사고를 미연에 방지하기 위해 **일탈 행위를 할 수 없도록 사전에 권한을 거부하는 것**입니다. 예방 제어에 있어 가장 강력한 기능을 갖는 것이 AWS Organizations입니다. **AWS Organizations**는 여러 AWS 계정을 통합 관리하기 위한 서비스로, 일괄 청구 기능분만 아니라 보안이나 규정 준수를 만족하기 위한 계정 관리 기능도 제공합니다.

AWS Organizations에 소속된 AWS 계정에 대해 관리를 수행하기 위한 기능이 정책입니다. 정책에는 서비스 제어 정책service control policy, SCP, AI 서비스 옵트아웃 정책AI service opt-out policy, 백업 정책backup policy, 태그 정책tag policy의 네 종류가 있습니다. AWS 계정마다 각각 정책을 적용하는 것은 번거로우므로 AWS Organizations에는 **OU**(조직 단위)라는 여러 AWS 계정을 그룹화하는 기능이 있으며, OU에 정책을 할당하여 여러 AWS 계정에 같은 정책을 할당할 수 있습니다. 그리고 OU를 모아서 더욱 큰 OU를 만들어 관리할 수도 있습니다. 정책에 설정한 내용은 AWS 계정의 루트 사용자에게도 적용됩니다. 즉, **정책으로 제한된 내용은 멤버 계정으로는 절대 조작할 수 없습니다.**

예방 제어로 모든 리스크를 제거할 수 있다고 생각할 수도 있지만 사실 그렇지 않습니다. 예를 들어, 프로그램에서 AWS 리소스로 접근하기 위해 액세스 키를 발행하는 것 자체는 필요한 조작이므로, 예방 제어를 통해 막아서는 안 됩니다. 하지만 발생한 액세스 키를 실수로 깃허브에 업로드하게 되면, 액세스 키를 이용해서 부정 접근이 가능해집니다. 또는 S3 객체를 저장하는 스크립트를 설정하는 것 자체는 필요하지만, 스크립트가 무한 루프에 빠져, 객체를 대량으로 S3에 저장한 결과 AWS 이용료가 엄청나게 발생한 사례도 있습니다. 이런 사고는 필요한 권한 내에서 실시한 것이므로 예방 제어로 막을 수 없습니다.

탐지 제어

예방 제어와 병행해서 도입해야 하는 것이 바로 **탐지 제어**detective control의 사고방식입니다. 이름 그대로 **설정 실수나 이상한 작동을 감지하고, 알림을 보내거나 건전한 상태로 자동 복원시킵니다.** 앞선 예에서는 액세스 키의 이용을 모니터링해서 평상시와 다른 액티비티가 발생하면 알림을 보내거나, 예상된 청구 비용이 임곗값의 80%를 넘는 경우에는 알림을 보내는 것 등이 탐지 제어에 해당합니다.

운용에 관한 사고방식

구체적으로 '예방 제어'와 '탐지 제어'의 운용에 관한 사고방식은 표 4-3과 같이 생각할 수 있습니다. 보안 사고나 사고가 발생했을 때 입을 수 있는 비즈니스 영향도에 따라 대응을 나누는 것이 좋습니다.

표 4-3 비즈니스 영향도에 따른 통제 방법

비즈니스 영향	내용	통제 방법
치명적	한 차례의 발행도 허용되지 않음. 회사나 조직의 업무나 사회적 신용을 훼손하는 수준	예방 제어
국소적	단기간이라면 허용 가능. 회사나 조직의 업무나 사회적 신용에는 영향이 거의 없음	예방 제어 혹은 탐지 제어
허용 가능	회사나 조직에 영향이 없음	통제하지 않음(취득한 로그 등의 삭제는 수행)

4.2 | 가용성과 DR

시스템을 안정적으로 계속해서 작동시키기 위해 반드시 생각해야만 하는 것이 가용성 확보와 업무 지속성 계획에 기반한 DR 전략입니다. 온프레미스에서는 전원이나 물리 기기를 여러 개 준비하고, 가상머신 배치 설계 등을 통해 가용성을 확보합니다. AWS를 이용하는 경우에는 어떻게 해야 하는지, 가용성과 DR 전략의 포인트에 관해 살펴봅시다.

4.2.1 가용성 확보

◗◖ 리전, 가용 영역과 AWS 서비스의 관계

대전제가 되는 AWS의 리전과 가용 영역에 관해 확인합시다. 리전이란 **전 세계에 진행된 데이터 센터의 집합체입니다.** 2024년 3월 기준으로 31개 리전이 전 세계에 진행돼 있습니다. 하나의 지리적 영역의 100km 이내에 물리적으로 분할된 여러 가용 영역으로 구성돼 있습니다(참고 4-5). 계속해서 가용 영역은 **다중화된 전원, 네트워크, 연결 기능을 가진 하나 이상의 데이터 센터입니다.** 가용 영역 사이에는 높은 처리량과 낮은 레이턴시의 다중화된 네트워크로 연결돼 있습니다. 가용 영역 사이는 수 km 이상 떨어져 있으며, 정전이나 지진 등의 영향을 동시에 받지 않도록 돼 있습니다. 그렇기 때문에 **두 개 이상의 가용 영역에 시스템을 분산해서 배치하는 것으로 시스템의 가용성을 향상시킬 수 있습니다.** 가용 영역은 AWS Management Console에서 몇 번의 클릭만으로 이용할 수 있어, 클라우드가 시스템 개발에 얼마나 큰 혁신을 가져왔는지 알 수 있습니다.

참고 4-5 **리전 및 가용 영역**
https://aws.amazon.com/ko/about-aws/global-infrastructure/regions_az/?nc1=h_ls

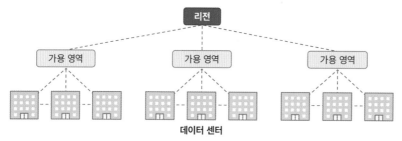

그림 4-7 리전, 가용 영역, 데이터 센터의 관계

AWS의 각 서비스는 이용 단위가 모든 리전(글로벌)을 아우르는 것, 리전 단위의 것, 가용 영역 단위의 것이 있습니다. 예를 들어 AWS로의 접근을 관리하는 AWS IAM은 리전에 관계없이 글로벌로 이용하는 서비스이며, 가상머신인 Amazon EC2는 가용 영역에 배치합니다. 이렇게 **서비스가 리전 단위인지, 가용 영역 단위인지 정확하게 이해하는 것이 중요합니다.** 모르는 사이에 가용 영역 단위에서의 장애에 약한 구성이 되지 않도록 주의합니다.

⬤⬤ 필요한 가용 영역의 수에 관한 사고방식

앞서 설명한 것처럼 두 개 이상의 가용 영역에 시스템을 분산 배치하면서 가용성을 향상시킬 수 있습니다. 그럼 가용 영역은 두 개만 이용하면 될까요? 이는 필요한 리소스에 따라 다릅니다.

예를 들어 서비스 제공에 필요한 서버 수가 여섯 대인 시스템에 대해, 하나의 가용 영역의 장애를 이겨내고 싶다고 가정합시다. 두 개의 가용 영역을 사용해 가용성을 확보하려고 하면 두 배인 열두 대의 서버가 필요하게 됩니다. 한편 세 개의 가용 영역을 이용하는 경우 하나의 가용 영역당 세 대씩, 총 아홉 대를 사용하면 하나의 가용 영역에 장애가 발생했을 때도 계속해서 여섯 대의 서버가 작동하게 됩니다(그림 4-8). 하지만 실제로는 이렇게 간단한 이야기는 아니며, 가용 영역 단위의 서비스 이용 증가에 따른 비용 증가 등도 고려해야 합니다.

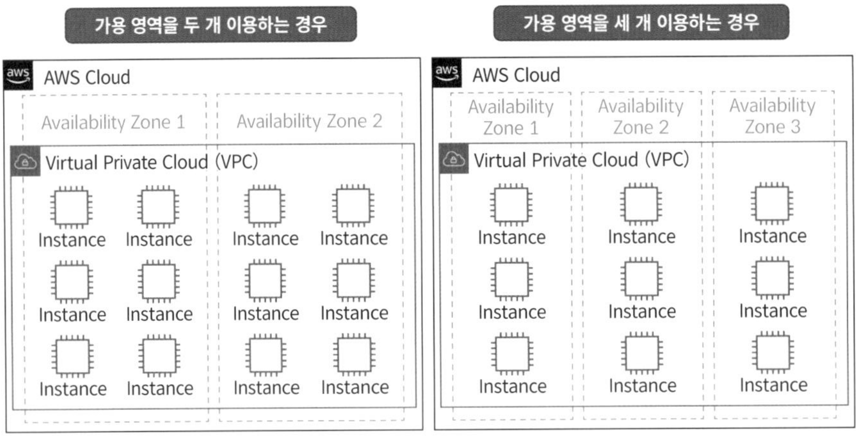

가용 영역을 두 개 이용하는 경우

AWS Cloud

Availability Zone 1 | Availability Zone 2

Virtual Private Cloud (VPC)

Instance Instance Instance Instance

Instance Instance Instance Instance

Instance Instance Instance Instance

가용 영역을 세 개 이용하는 경우

AWS Cloud

Availability Zone 1 | Availability Zone 2 | Availability Zone 3

Virtual Private Cloud (VPC)

Instance Instance Instance

Instance Instance Instance

Instance Instance Instance

그림 4-8 가용 영역의 수와 필요한 인스턴스 수

4.2.2 백업 전략

● 　 AWS 기능을 기용해서 백업

백업 전략에 관해 생각해봅시다. AWS에서의 백업 전략으로 먼저 파악해야 하는 것이 **스냅숏 취득과 AMI를 사용해 백업하는 것의 차이**입니다(표 4-4).

스냅숏 취득은 EBS 볼륨의 데이터 사본을 취득해 Amazon S3에 저장합니다. S3에 저장된다고 설명했으므로 스냅숏 확인은 이용자의 S3 콘솔에 있다고 생각하기 쉽지만, 실제로는 Amazon EC2 서비스 콘솔에서 확인할 수 있습니다. 가동 중인 EBS 볼륨에 데이터 파손이나 장애가 발생했을 때는 설정한 스냅숏에서 새로운 볼륨을 설정하고, 오래된 볼륨을 치환해서 복구할 수 있습니다. EBS 볼륨 데이터를 보전할 수 있지만, EBS 볼륨을 이용하던 EC2 인스턴스의 정보는 스냅숏에 기록되지 않습니다. 그렇기 때문에 스냅숏으로부터 인스턴스를 기동하기 위해서는 우선 AMI 이미지를 설정해야 합니다.

한편 **AMI 백업**은 EC2 인스턴스의 완전한 백업으로, **EBS 스냅숏**EBS snapshots은 물론 인스턴스 기동 시에 연결한 볼륨을 지정하는 장치의 매핑 정보 등, 인스턴스를 구성하는 정보를 포함합니다. 그렇기 때문에 AMI를 이용하면 인스턴스를 곧바로 기동시킬 수 있습니다.

백업으로서 EBS 스냅숏을 이용할 것인지, AMI 백업을 이용할 것인지는 복구 프로세스를 고려해서 결정해야 합니다. AMI 백업은 즉시 인스턴스를 기동할 수 있지만 **기존 인스턴스와의 병행 기동 가능 여부는 OS나 애플리케이션 사양에 따라 다릅니다.** 예를 들어 도메인에 추가 중인 윈도우 인스턴스를 기동한 상태에서, IAM 백업으로부터 인스턴스를 설정하면 보안 식별자와 컴퓨터명이 중복되는 문제가 발생합니다. 필자는 이 문제 때문에 윈도우 서버의 페일오버 클러스터링failover clustering이 정상 작동하지 않은 적이 있습니다. 한편 EBS 스냅숏에서 복구할 때는 인스턴스를 즉시 기동할 수 없지만, 인스턴스에서 여러 EBS 볼륨을 이동 중에 특정한 EBS 볼륨만 복원할 수 있습니다. 그리고 스냅숏으로부터 복원한 볼륨을 연결하여, EBS 안의 특정 데이터만을 복원할 수도 있습니다.

표 4-4 스냅숏과 AMI 백업의 차이

	스냅숏	AMI
개요	EBS 볼륨의 백업을 Amazon S3에 설정	스냅숏과 함께 인스턴스의 디바이스 매핑 등 구성 정보를 유지
용도	EBS 볼륨과 볼륨 안의 데이터의 백업	같은 구성 정보의 인스턴스를 설정
복구 방법 예	스냅숏으로부터 EBS 볼륨을 설정하고, 기존 인스턴스의 EBS 볼륨과 교체	AMI를 통해 인스턴스를 설정하고, 기존 인스턴스와 교체

◑ AWS의 기능을 이용하지 않는 백업

여기까지 AWS의 기능을 이용한 백업 전략에 관해 살펴봤습니다. EBS 스냅숏이든 AMI 백업이든 높은 디스크 IO가 발생하는 시점에서 취득하면, 파일 정합성을 담보할 수 없고, 최악의 경우 백업 데이터가 파손될 리스크가 있습니다. 예를 들어 EC2에서 DB 서버를 기동하고 있는 경우에 해당합니다. 가능하다면 유지보수 윈도우(유지보수용 시간대)maintenance windows를 설정하고 정지점을 만든 뒤 스냅숏 등을 취득할 수 있는지 검토합니다. 데이터베이스를 백업 모드로 하고, 리눅스의 `xfs_freeze` 명령어를 이용해 파일 시스템으로의 IO를 중단하는 등의 작업을 한 후 스냅숏을 취득하는 방법이 있습니다.

스냅숏을 사용하지 않는 백업 방법으로 **데이터베이스 표준 기능을 이용해 덤프 파일** dump file**이나 트랜잭션 로그를 백업하는 것**도 검토합니다. 취득한 덤프 파일이나 트랜잭션 로그는 정기적으로 S3에 업로드해두면, 만일의 사태에도 원복 할 수 있습니다. 그리고 S3의 리전 간 복사 기능을 활용하면 리전 규모의 장해에도 대응할 수 있습니다. 단점은 이 백업 취득은 데이터베이스의 기능이며, AWS에서 백업 사양을 제공하는 것이 아니므로, 이용자가 일련의 백업과 복구 구조를 구축해야 합니다.

4.2.3 DR 확보

일본은 지진이나 태풍 등의 재해가 많습니다. 만에 하나라도 피해로 인해 시스템이나 데이터베이스가 파손되면 사업을 지속할 수 없게 됩니다. 그래서 재해를 당한 경우에도 사업을 지속할 수 있도록 피해가 발생했을 때 시스템과 데이터 복구에 관해 미리 검토하고 대비하는 일이 늘어났습니다. 이것을 **DR**(재해 복구)disaster recovery이라고 부릅니다. 여기에서는 DR 검토 시의 포인트와 DR을 실제로 실시하는 경우를 대비해서 결정해둬야 할 것들에 관해 살펴봅시다.

◉◉ 시스템 다중화 패턴

DR 전략에 관해 생각하기 전에 재해를 고려해 시스템을 배치하는 방법을 데이터 센터 단위로 생각합시다. 온프레미스에서는 먼저 하나의 데이터 센터 안에 같은 서버를 배치하여 가용성을 향상시키는 것을 검토합니다(표 4-5). 가용성을 향상시키는 가장 일반적인 방법으로 구성도 간단하지만 데이터 센터 자체에 장애가 발생하면 데이터가 소실되거나 시스템이 정지됩니다.

여기에서 **여러 데이터 센터를 이용하는 패턴**을 생각할 수 있습니다. 방식은 다음 두 가지입니다.

- 수 km~십수 km 근방의 데이터 센터에 시스템과 데이터를 다중화하는 방식
- 수백 km 떨어진 데이터 센터를 이용하는 방식

데이터 센터가 가까우면 데이터 전송 지연은 짧아지지만 넓은 영역의 재해에는 강하다고 말할 수 없습니다. 그렇다고 수백 km 단위로 떨어진 데이터 센터를 사용하면 **데이터 센터 간 데이터 전송 지연은 무시할 수 없는 수준이 됩니다.** 시스템이나 시스템 안에 보관된 데이터를 다중화하는 방법에는 각각 장단점이 있으므로, 여러 다중화 패턴을 조합해서 사업 지속성을 확보해야 합니다.

표 4-5 다중화 패턴

	서버 다중화	데이터 센터 다중화	리전 다중화
특징	• 하나의 데이터 센터 안에 서버를 다중화하여 가동률을 확보 • 데이터 센터 자체의 장애에는 견디지 못함	• 가까운 거리의 두 개의 데이터 센터에 시스템을 다중화하여 가동률을 확보 • 지진 등 대규모 재해 시에는 두 개의 데이터 센터가 동시에 정지할 리스크가 있음	• 먼 거리의 두 개의 데이터 센터에 시스템을 다중화하여 가동률을 확보 • 대규모 재해에 강하지만, 리전 간 데이터 동기 등 기술적 난이도가 높아짐
구성 패턴	도쿄 데이터 센터 / 이용자 — 서버 1 가동률 90% / 서버 2 가동률 90%	도쿄 데이터 센터 1 / 이용자 / 도쿄 데이터 센터 2 — 서버 1 가동률 90% / 서버 2 가동률 90% — 수~십수 km	도쿄 데이터 센터 / 이용자 / 오사카 데이터 센터 — 서버 1 가동률 90% / 서버 2 가동률 90% — 수백 km

🔴 AWS에서의 DR 전략

AWS를 사용하는 경우를 봅시다. AWS에 시스템을 만들 때는 가용 영역과 리전을 의식할 필요가 있습니다. 앞에서 설명한 것처럼 하나의 가용 영역은 하나 이상의 데이터 센터로 구성되며, 각각의 가용 영역 사이의 거리는 수 km 이상 떨어진 것으로 명기돼 있습니다. 그렇기 때문에 **여러 가용 영역을 이용하는 것만으로 데이터 센터 다중화 패턴과 같은 구성을 만들 수 있습니다.**

AWS에는 2024년 5월 기준으로 33개의 리전이 존재합니다(참고 4-6). 여러 리전을 이용해 시스템을 만들어두면 리전 규모의 장애에도 대응할 수 있습니다. 예를 들어 도쿄 리전과 오사카 리전을 이용해서 시스템의 지속성을 확보했다고 가정합시다. 도쿄 리전 전체에 피해나 장애가 발생한 경우에는 오사카 리전의 시스템을 백업에서 기동하고 DNS

에서 목적지를 오사카 리전으로 전환, 또는 도쿄 리전과 오사카 기전의 시스템을 항상 기동시켜 준비하는 등을 생각할 수 있습니다. 물론 **여러 리전에 시스템을 만들기 때문에 가용 영역의 다중화가 불필요하다는 것은 아닙니다.** 가용 영역 다중화는 이용하면서 중요성이 높은 시스템은 리전 다중화도 이용하는 전략을 세워야 합니다(표 4-6).

참고 4-6　**AWS 글로벌 인프라**
https://aws.amazon.com/ko/about-aws/global-infrastructure/

표 4-6 시스템 중요도와 다중화 패턴의 예

중요도	영향	다중화 패턴 예
중대	시스템 정지나 데이터 손실은 비즈니스 임팩트가 막대하므로, 회사나 조직의 업무나 사회적 신용을 훼손한다.	가용 영역 다중화와 리전 다중화를 조합한다.
표준	시스템 정지가 단기간이라면 회사나 조직의 업무나 사회적 신용에 대한 영향은 없다.	가용 영역 다중화
낮음	시스템 정지나 데이터 손실에도 회사나 조직에 영향이 없다.	다중화하지 않는다.

● 지표(RTO, RPO, RLO)를 결정한다

DR 대책은 만일의 사태에 대비하는 것이므로 **시스템이 정지한 경우에 사업에 영향을 미치는 임팩트와 비용에 대한 대책 비용의 균형을 맞춰야** 합니다. 그러기 위해서는 만일의 사태를 명확하게 정의해야 합니다. 예를 들어 이용자의 절반이 관동 지방 근교에 거주하고 있는 시스템에 대해 도쿄 리전의 데이터 센터가 모두 망가질 정도의 재해가 발생한 경우에 시스템을 유지한다고 해도, 시스템 이용자도 피해를 입었을 것이므로 사업을 지속할 수 없을 가능성이 있습니다. 그 경우에는 리전 다중화 패턴은 낭비이며, 데이터 센터 다중화 패턴만 채용하면 좋다고 판단할 수 있습니다.

그런 상태에서 DR 대책을 검토할 때 필요한 지표를 결정합니다. 장애 발생에 따른 서비스 중단으로부터 복구까지의 허용 가능한 시간(**복구 시간 목표**recovery time objective, RTO)과 어느 정도의 데이터 손실을 허용할 것인가(**복구 지점 목표**recovery point objective, RPO), 그리고 시스템을 어느 수준까지 복구하는 것을 목표로 하는가(**복구 수준 목표**recovery level objective, RLO)을 결정합니다.

RPO는 장애가 발생하기 직전에 취득한 백업으로 결정됩니다. 백업 취득과 장애 발생의 간격이 짧을 수록 데이터 소실이 적으므로, **원하는 RPO에 맞춰 백업 취득 간격을 설계**해야 합니다. **RTO**는 짧으면 짧을수록 사업상 기회 손실을 줄일 수 있습니다. RTO를 짧게 하기 위해서는 백업에서 빠르게 복구하는 등의 복구 구조를 만들어야 합니다. 그리고 시스템에 장애가 발생했을 때 완전히 원래대로 되돌릴 수 있으면 좋지만, 그러기 위해서는 시간이 소요됩니다. 사업의 영향이 큰 부서의 시스템을 우선 복구하는, 시스템의 기능을 일부로 제한해서 복구하는 것을 목표로 **RLO**를 결정합니다. RTO, RPO, RLO의 관계는 그림 4-9와 같습니다.

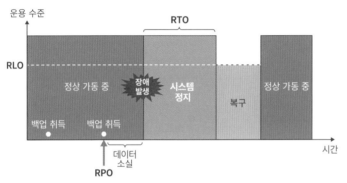

※ https://warp.da.ndl.go.jp/info:ndljp/pid/11487015/www.ipa.go.jp/sec/std/ent04-d.html(일본어)

그림 4-9 RTO, RPO, RLO의 관계

● **DR 트리거 조건을 결정한다**

RTO와 RPO를 결정했다면 **DR 트리거**DR trigger 조건과 흐름, 체제를 결정합니다. 백업으로부터 시스템을 복구시키는 방식을 예로 들어 생각해봅시다(그림 4-10).

프로덕션용 시스템에 장애가 발생했을 때, 발생하는 장애가 리전 규모인지 구축한 시스템의 독자적인 장애인지 어떻게 판단하는가, 그리고 **백업으로부터의 복구 작업 시작을 누가 지시할 것인가** 등을 미리 결정해야 합니다. 특히 DR 트리거 판단은 어렵고, AWS의 장애라면 장애가 발생한 것 자체의 알림은 전송되지만 '언제 복구하는가'는 발표되지 않으므로 DR 리전에서 시스템을 가동시켰는데 장애가 즉시 복구되는 일도 일어납니다. 그리고 DR로 전환해 무사히 시스템을 지속적으로 가동시켰다고 해도, 언젠가는 프로덕션 리전으로 돌아와야 합니다. **복구 작업을 언제부터 시작할 것인가, DR 리전에서 프로덕션 리전으로 DNS 전환 실시를 누가 판단할 것인가** 등도 결정해둬야 합니다.

또한 DR 트리거의 흐름이나 체제를 결정했다면, 방재 훈련을 정기적으로 수행하는 것과 함께, DR 트리거 훈련을 정기적으로 실시합니다. 순서나 커뮤니케이션 경로 확인, 스킬 전달을 수행하는 것은 물론 AWS Management Console 화면이 변경되는 경우도 있으므로 순서 또한 업데이트합니다.

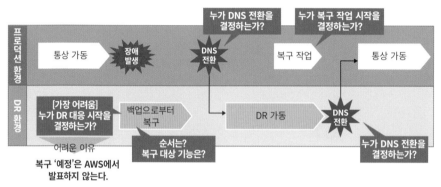

그림 4-10 백업/복구 방식에서의 DR 트리거의 흐름

● **DR 방법을 결정한다**

DR 방법을 검토해봅시다. DR 방법은 크게 네 가지가 있으며 RTO, RPO와 함께 비용에 맞춰 선택합니다(표 4-7).

백업 및 복원backup and restore는 가장 생각하기 쉬운 DR 방법으로, DR용 리전에 인스턴스의 AMI 이미지나 데이터의 백업 파일을 저장해두고, 장애가 발생했을 때는 AMI 이미지자 백업 파일을 이용해서 시스템을 재구축합니다. 시스템 재구축은 수동으로 수행하면 복구에 시간이 걸리므로 코드형 인프라스트럭처로 복원할 수 있도록 하면 좋습니다. 백업 및 복원의 장점은 AMI 이미지나 백업 파일을 저장하는 비용만 든다는 점입니다. 단점은 장애가 발생한 후 시스템을 처음부터 구축해야 하므로 다운타임이 필연적으로 길어진다는 점입니다. 그렇기 때문에 장기간 정지를 허용할 수 없는 시스템에는 적합하지 않습니다.

표 4-7 네 가지 DR 방법

	백업 및 복원	파일럿 라이트	웜 스탠바이	액티브-액티브
개요	인스턴스의 이미지나 백업 파일을 다른 리전에 준비한다. 장애 발생 시 인스턴스의 이미지나 백업으로부터 시스템을 재구축한다.	Backup & Restore와 거의 같지만, 데이터베이스만 다른 리전에서 기동시켜 데이터를 동기화한다. 장애 발생 시에 데이터베이스 이외의 인스턴스의 이미지나 백업으로부터 시스템을 재구축한다.	다른 리전에도 시스템을 준비하고, 축소 운전 또는 정지한다. 장애 발생 시에 다른 리전의 시스템을 기동하고 DNS 전환을 통해 다른 리전으로 트래픽을 돌린다.	다른 리전에 프로덕션 환경과 동일한 시스템을 준비하고 상시 가동시켜둔다. 장애 발생 시에 DNS 전환을 통해 다른 리전으로 트래픽을 돌린다.
RTO/RPO 지표	수 시간 단위	분 단위	초 단위	실시간
시스템 중요도	낮음 →→→→→→→→→→→→→→→→→→→→ 높음			
가용성	낮음 →→→→→→→→→→→→→→→→→→→→ 높음			
비용	낮음 →→→→→→→→→→→→→→→→→→→→ 높음			

정지 시간을 최대한 없애는 방법으로는 액티브-액티브가 있습니다. **액티브-액티브**active-active는 문장 그대로 DR용 리전에 프로덕션 리전과 같은 시스템을 상시 기동해두고, 장애가 발생했을 때는 DNS 전환을 통해 트래픽을 DR용 리전으로 전환합니다. DR용 리전도 시스템을 상시 가동하고 있으므로 비용이 들지만, 다운타임이 거의 없으므로 정지됐을 때 회사에 영향이 큰 시스템 등에 적용됩니다.

중간 패턴으로는 파일럿 라이트와 웜 스탠바이가 있습니다. **파일럿 라이트**pilot light는 데이터베이스를 DR용 리전에 기동해두고, 데이터를 동기화해서 데이터 손실을 방지할 수 있습니다. **웜 스탠바이**warm standby는 DR용 리전에도 축소한 시스템을 준비해서 기동하고, 장애가 발생했을 때는 DNS의 대상지를 DR용 리전으로 향하도록 하여 다운타임을 줄일 수 있습니다. RTO 및 RPO의 요건, 비용, 그리고 조직 관점에서 실현 가능한 운용 체제를 가미해서 DR 방법을 선택합시다.

4.3 클라우드 시스템에서의 성능 확보

클라우드를 활용하는 장점으로 리소스를 유연하게 증감할 수 있다는 점이 있습니다. 가상머신 대수를 늘리거나 사양을 변경하는 것뿐만 아니라, AWS 매니지드 서비스를 이용하면 이용자는 성능에 관한 설정을 거의 하지 않아도 됩니다. 이번 절에서는 가상머신에 초점을 맞춰, CPU와 메모리를 결정하는 인스턴스 유형의 선택 방법, 스케일 업과 스케일 아웃 선택 기준에 관해 살펴봅시다.

4.3.1 인스턴스 유형 선택

AWS의 가상머신 서비스인 Amazon EC2에서 가상머신인 인스턴스를 설정할 때 어려운 점이 CPU/메모리 크기인 인스턴스 유형 선택입니다. **인스턴스 유형**instance type은 2024년 5월 기준으로 750개 이상이며 re:Invent 등의 이벤트가 개최되면 새로운 인스턴스 유형이 릴리스되므로 최적의 인스턴스 타입을 선택하는 것이 어렵습니다. 단순히 필요한 vCPU 수와 메모리 크기만으로 선택하면 기대한 성능이 나오지 않거나 최악의 경우에는 애플리케이션이 작동하지 않기도 합니다.

⬤⬤ 인스턴스 유형 개요

먼저 인스턴스 유형의 표기 규칙부터 확인합시다(그림 4-11).

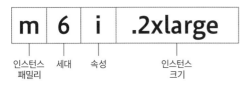

그림 4-11 인스턴스 유형을 읽는 방법

맨 앞의 알파벳은 인스턴스 패밀리를 나타내며, vCPU와 메모리 크기, 디스크 IO 등의 특징에 맞춰 레이블링돼 있습니다. 좌측부터 두 번째 숫자는 인스턴스 세대를 나타냅니다. 숫자가 클수록 같은 인스턴스 패밀리에서도 최신인 것을 의미합니다. 예를 들어

m5 인스턴스는 인텔® 제온® 플래티넘 8175M 프로세서이며, m6 인스턴스는 3세대 인텔® 제온® 스케일러블 프로세서입니다. 숫자 뒤에 이어지는 알파벳은 속성(인스턴스에 부속된 추가 기능)을 설명합니다. 예를 들어 네트워크 대역을 강화한 것, CPU가 인텔, AMD, AWS가 만든 ARM 기반의 CPU인 AWS Graviton2 프로세서(참고 4-7) 중 어떤 것인가를 식별하는 것 등이 있습니다. 점 이후는 인스턴스 크기를 나타내며, 인스턴스 패밀리에 따라 다르지만, 나노nano부터 48xlarge까지 있습니다. 크기가 커질수록 vCPU 수와 메모리 크기가 일정한 계수로 증가합니다. 당연히 인스턴스 크기가 클수록 성능이 높지만, 그만큼 비용도 증가합니다.

참고 4-7 **AWS Graviton 프로세서**
https://aws.amazon.com/ko/ec2/graviton/

이렇게 인스턴스 패밀리, 인스턴스 세대, 인스턴스 크기의 조합과 함께 추가 기능도 있어 최적의 인스턴스 유형을 선택하는 것이 어렵습니다. 인스턴스 패밀리는 범용, 컴퓨팅 최적화, 메모리 최적화, 스토리지 최적화, 가속화된 컴퓨팅의 다섯 가지 그룹으로 크게 나눕니다(HPC 최적화라는 그룹도 등장했습니다. 2024년 5월 기준으로 해당 그룹에 소속된 인스턴스 유형은 미국 동부(오하이오)와 GovCloud(서부)에서만 이용 가능하기 때문에 이 책에서는 대상 외로 합니다).

◑ 인스턴스 유형 선택 방법

인스턴스 유형 선택은 vCPU와 메모리 크기의 균형을 갖춘 범용 인스턴스 패밀리에서 수행합시다. 그리고 범용 인스턴스 패밀리에는 m 계열과 t 계열을 시작으로 하는 인스턴스 패밀리가 소속됩니다. t 계열의 인스턴스 패밀리는 성능 순간 확장 가능 인스턴스 burstable performance instance라 불리며, 보통은 CPU를 그다지 사용하지는 않지만 가끔 CPU를 소비하는 워크로드에 최적화돼 있습니다. m 계열과 t 계열에서 같은 인스턴스 크기를 선택한 경우에는 t 계열인 편이 비용을 억제할 수 있습니다. 하지만 버스트 가능한 시간은 인스턴스 크기에 따라 결정되며, 초과하면 추가 비용이 발생합니다. 그렇기 때문에 CPU 사용률이 예상되지 않은 단계에서 t 계열 인스턴스 타입을 선택하는 것은 리스크가 됩니다. 따라서 **워크로드가 예상되지 않은 단계에서는 m 계열 인스턴스를 기준으로 선택합시다**(표 4-8).

이어서 속성을 선택합니다. 몇 가지 속성이 있지만, CPU 종류의 차이를 나타내는 것으로 인텔 프로세서 i, AMD 프로세서 a, AWS Graviton 프로세서 g를 제공합니다. g 속성의 인스턴스 유형이 다른 두 인스턴스 유형에 비해 비용은 가장 낮지만, ARM 베이스의 CPU를 지원하지 않는 소프트웨어도 존재합니다. 그렇기 때문에 **인텔 프로세서인 i 속성**을 기반으로 고려하는 것이 무난하다고 할 수 있습니다.

마지막으로 인스턴스 크기의 차이입니다. 인스턴스 크기는 CPU와 메모리의 크기를 나타내며 배율 숫자가 늘어나는 것에 비례해서 CPU와 메모리도 증가합니다. 당연히 비용도 그에 비례해서 증가합니다. 참고로 나노에서 스몰까지는 t 계열의 인스턴스 패밀리에서만 선택할 수 있습니다.

표 4-8 m 계열 인스턴스의 vCPU와 메모리 대응표

인스턴스 유형	vCPU	메모리(GiB)
m6i.large	2	8
m6i.xlarge	4	16
m6i.2xlarge	8	32
m6i.4xlarge	16	64
m6i.8xlarge	32	128
m6i.12xlarge	48	192
m6i.16xlarge	64	256
m6i.24xlarge	96	384
m6i.32xlarge	128	512
m6i.metal	128	512

종합하면 m6i 인스턴스 유형에서 워크로드를 가동시켜본 뒤 vCPU와 메모리 등의 지표 정보를 수집해 성능이 나오지 않는다면, 필요한 메모리 크기가 vCPU 수, 스토리지 성능에 특화된 인스턴스 패밀리 그룹에 속하는 인스턴스 유형으로 변경하는 방법을 권장합니다.

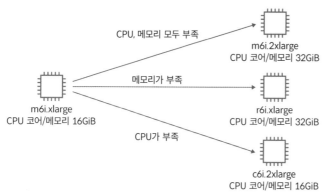

그림 4-12 인스턴스 유형의 선택 방법

4.3.2 스케일 업과 스케일 아웃

클라우드 시스템의 장점으로 성능이 부족한 경우 손쉽게 스케일 업과 스케일 아웃이 가능한 점이 있습니다. 우선 스케일업과 스케일 아웃을 다시 한번 구분합시다.

◐ 스케일 업과 스케일 아웃 개요

스케일 업scale up은 **서버 스펙을 강화하여 처리 성능을 확보하는 방법**입니다. Amazon EC2라면 인스턴스 패밀리를 범용 인스턴스로부터 CPU 최적화로 변경하거나, 인스턴스 크기를 보다 큰 것으로 변경하는 등으로 CPU나 메모리 크기를 확보하는 것을 의미합니다. 스케일 업의 강점과 약점은 다음과 같습니다.

강점
- OS나 미들웨어 설정을 변경하지 않고, 인스턴스 유형을 변경하는 것만으로 성능을 확보할 수 있으므로 대응이 쉽습니다.

약점
- 인스턴스 유형의 변경에는 대상의 EC2 인스턴스를 정지시켜야 하므로, 다운타임이 발생합니다.
- 인스턴스 유형의 종류 이상의 사양을 확보할 수 없습니다.

스케일 아웃scale out은 성능이 부족할 때 **EC2 인스턴스를 늘려 처리 성능을 확보하는 방법**입니다. 스케일 아웃의 강점과 약점은 다음과 같습니다.

강점

- 기존의 EC2 인스턴스와 별도로 새롭게 EC2 인스턴스를 준비하므로 다운타임 없이 성능을 향상시킬 수 있습니다.
- 배치 가능한 EC2 인스턴스의 수만큼 성능을 늘릴 수 있습니다.

약점

- 스케일 아웃으로 늘린 EC2 인스턴스에도 처리 요청이 도달하도록 로드 밸런서 등을 미리 준비해야 합니다.
- 연속한 처리 요청이 여러 EC2 인스턴스에 분산되므로, 각 EC2 인스턴스상의 애플리케이션 사이에 처리 요청 결과를 공유할 수 잇는 구조를 구현하지 않으면, 전후의 처리 요청과의 정합성을 얻을 수 없게 되기도 합니다.

스케일 아웃으로 늘릴 수 있는 인스턴스 수는 인스턴스를 배치하는 네트워크의 CIDR에 따라 상한이 결정됩니다. 온디맨드 인스턴스의 경우에는 vCPU 수의 합계로 쿼터가 결정되므로(참고 4-8) 필요한 vCPU의 수가 쿼터에 도달한 경우에는 상한 완화 신청을 해야 합니다.

참고 4-8 **EC2 온디맨드 인스턴스 제한**
https://aws.amazon.com/ko/ec2/faqs/#EC2_On-Demand_Instance_limits

◖◗ 스케일 업과 스케일 아웃의 사용 구분

일반적으로 스케일 업은 DB 서버, 스케일 아웃은 애플리케이션 서버나 웹서버에 적합합니다. DB 서버는 읽기/쓰기 처리가 여러 차례 수행되지 않도록 배타 제어가 수행됩니다. 그렇기 때문에 여러 서버에서 처리한다 하더라도 배타 제어exclusive control에 따라 읽기/쓰기 성능 향상을 기대할 수는 없습니다. 성능을 향상하기 위해서는 처리를 고속으로 수행할 수 있도록 서버 사양을 높이게 됩니다.

표 4-9 스케일 업과 스케일 아웃의 사용 구분

	스케일 업	스케일 아웃
개요	서버의 CPU/메모리를 늘려서 처리 2코어 8GB → 8코어 64GB	서버 수를 늘려서 처리 8코어 64GB × 1대 → 8코어 64GB × 3대
강점	설정 변경 없이 성능을 향상 가능	• (서버 수를 늘릴 수 있는 한)무한히 성능 향상 가능 • 다운타임 없음
약점	다운타임 발생	접근할 때마다 다른 서버에 접근하게 되므로, 애플리케이션에 따라서는 대응이 불가능
이용 예	DB 서버	• 웹서버 • 애플리케이션 서버

스케일 업과 스케일 아웃에 따라 성능을 확장할 수 있다고는 하나, 성능 확장에는 비용이 듭니다. **성능이 부족하게 되는 원인을 특정해 제거하는 것도 필요합니다.** 원인 특정을 수행하려면 성능에 관한 데이터 정보나 애플리케이션을 시작으로 하는 처리 프로세스 실행 내용을 수집해 분석을 수행해야 합니다. 자세한 내용은 4.4절 '관측 가능성 확보'에서 설명합니다.

4.4 | 관측 가능성 확보

시스템은 만들었다고 끝나는 것이 아니라 유지보수 및 운용을 해야 합니다. 시스템을 작동시키다 보면 평상시와 다른 부하가 걸리거나, 애플리케이션 이상이 발생해 최악의 경우 서비스가 정지되기도 합니다. 만일의 사태에 대비해 시스템을 사전에 감시할 수 있도록 해둬야 하는 것은 온프레미스이든 클라우드이든 동일합니다. 하지만 감시 관점이 다릅니다. 온프레미스와 달리 클라우드에는 하드웨어가 존재하지 않으며, 클릭 한 번으로 리소스를 증감할 수 있습니다. 그렇기 때문에 클라우드에 맞는 감시와 로그의 취급 방법에 관해 이해해야 합니다.

이번 절에서는 시스템 감시 목적을 미리 확인하고, 클라우드에서의 시스템 감시 외 로깅의 핵심에 관해 설명하겠습니다.

4.4.1 시스템을 감시하는 목적은 무엇인가?

◑ 온프레미스와 클라우드의 차이

시스템을 감시하는 목적은 **시스템 이상을 감지하고 미연에 방지**하기 위함입니다. 시스템 이상은 CPU 사용률이 급격하게 높아지거나, 프로세스가 정지하거나, 하드웨어가 고장나는 등 다양한 요인에 의해 발생합니다. 그리고 로그를 수집해서 OS나 애플리케이션의 이상을 알려주는 메시지를 감지하거나, 리소스에 이상이 발생했을 때 로그를 기반으로 원인을 분석하는 등의 작업을 수행합니다.

온프레미스와 클라우드 시스템의 큰 차이점으로 데이터 센터나 하드웨어의 유지보수운용은 클라우드 벤더에게 맡기는 점을 들 수 있습니다. 하드웨어 고장 대응이나 수명에 관한 업그레이드에 관해 이용자는 생각할 필요가 없습니다. 그리고 온프레미스 시스템에서는 CPU나 메모리 등의 리소스가 서버 수에 제한됩니다. 서버 수는 연결 가능한 네트워크 기기나 서버를 설치하는 랙 등의 설비의 제한을 받습니다. 그렇기 때문에 리소스가 부족해도 리소스를 늘리기 위해서는 설비나 네트워크 확장, 서버 조달과 설정, 테스트를 수행해야만 하며 간단하게 증설할 수 없습니다. 한편 클라우드에서는 리소스를 무한하게, 즉시 증가시킬 수 있습니다. 그렇기 때문에 애플리케이션 성능이 부족할 때는 쉽게 신규로 추가할 수 있습니다(그림 4-13).

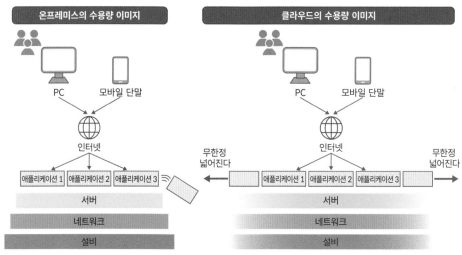

그림 4-13 온프레미스와 클라우드의 수용량의 차이

수용량을 무한정 확보할 수 있다는 것이 시스템 모니터링에 어떤 영향을 미칠까요? CPU 사용률 80% 정도로 작동하는 시스템의 예를 들어 생각해봅시다(그림 4-14).

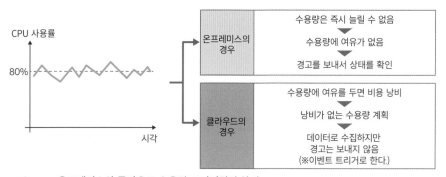

그림 4-14 온프레미스와 클라우드 수용량 모니터링의 차이

온프레미스에서는 수용량을 즉시 늘릴 수 없으므로 부하가 더 늘어났을 때 수용량이 가득 차 서비스 제공에 영향을 미칠 수 있습니다. 그렇기 때문에 **경고를 보내는 등**

의 방법을 통해 수용량 부족을 감지할 수 있도록 해야 합니다. 한편 클라우드에서는 수용량을 여유 있게 확보하는 만큼 비용이 발생하므로, 서비스 제공에 영향을 주지 않는 수용량을 확보하는 것으로 충분합니다. 부하가 증가했을 때는 수용량을 자동으로 추가할 수 있다면 충분하므로, **CPU 사용률 등의 지표는 데이터로 수집하고, 이벤트의 트리거로 사용하지만, 경고로 운용자에게 알리는 것이 꼭 필요하지는 않습니다.**

◐◉ 관측 가능성에 관한 사고방식

시스템을 감시하는 근원적인 목적은 '시스템에 이상이 있고, 서비스를 제공할 수 없는 것을 감지하기' 위해서입니다. 여기에서 이상이란 서비스의 정지뿐만 아니라 이용자가 불만을 느낄 정도로 서비스 응답이 느린, 고객 경험에 나쁜 영향을 주는 것을 포함합니다. 이용자가 보면 **서비스 응답 시간이나 실행한 처리가 올바르게 수행되는가**에 흥미가 있고, 시스템 운용자가 보면 **CPU 사용률이나 접근 로그의 정보 등**이 리소스 추가의 판단이나 트러블 슈팅_{troubleshooting}에 필요합니다(그림 4-15). 이렇게 이용자와 시스템 운용자 간 모니터링하는 지표가 다르면, 사용자 경험을 절대로 향상시킬 수 없습니다.

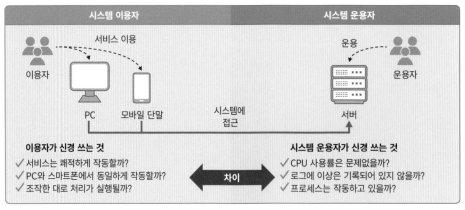

그림 4-15 시스템 이용자와 시스템 운용자의 관심의 차이

클라우드에서 시스템을 구축할 때는 여러 서비스를 조합해서 구축하게 되므로, 어떤 서비스 사이에서 지연이 발생하고 있는지 원인을 규명하는 것이 매우 어려워집니다. 그래서 등장한 사고방식이 관측 가능성입니다. **관측 가능성**_{observability}이란 **언제, 어디에서,**

무엇이 발생했는지 얼마나 파악할 수 있는 상태인가를 나타내는 것입니다. 구체적으로는 시스템의 지표와 로그, 트레이스 정보를 일원적으로 수집/분석해서 관측 가능성을 확보할 수 있습니다(그림 4-16).

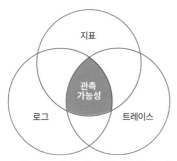

그림 4-16 관측 가능성을 구성하는 것

앞의 서비스의 예를 들면, 이용자가 실행하나 요청과 애플리케이션이 발생한 쿼리, 그때의 각종 지표, 애플리케이션 로그를 통합적으로 분석하는 것으로 서비스의 응답 지연의 진짜 원인을 도출해서 대처할 수 있습니다(그림 4-17).

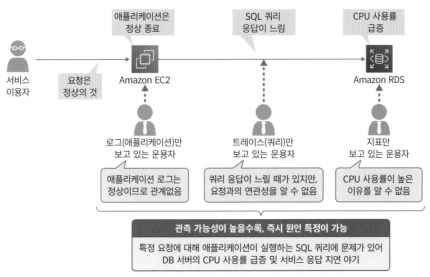

그림 4-17 관측 가능성 효과

그림 4-17은 단순하게 표현한 것이므로, SQL 쿼리가 느린 것이 원인이라고 곧바로 알수 있지만, **실제 시스템에서는 수백만, 수천만 개의 쿼리가 로그나 트레이스에 기록되므로, 이용자가 느리다고 느끼는 요청과 SQL 쿼리의 관계성을 도출하기 어렵습니다.** 로그, 지표, 트레이스를 개별적으로 확인해서는 진짜 원인을 찾을 수 없으므로 관측 가능성을 높이는 것이 얼마나 중요한지 알 수 있을 것입니다.

⬤◖ 관측 가능성을 실현하는 AWS 서비스

관측 가능성을 실현하기 위한 AWS 서비스로서 **Amazon CloudWatch**가 있습니다(그림 4-18). Amazon CloudWatch는 시스템 모니터링에 필요한 여러 기능을 갖고 있으며, AWS상에서 실행하는 리소스가 생성하는 로그나 지표 정보를 수집해서, 분석하는 기능을 갖고 있습니다. 그리고 알람이나 대시보드의 기능을 가지고 있어, 시스템 이상 발생 시 운용자에게 알림을 보내고, 대시보드에 시스템 상황의 큰 모습을 확인한 후 상세하게 조사할 수 있습니다. 많은 기능을 제공하며, 설명만 보면 사용 방법이 알기 어려운 것도 있습니다. 실습을 통해 사용해볼 것을 권장합니다.

대시보드	지표
CloudWatch로 수집한 정보를 한눈에 가시화	CPU나 메모리 등 리소스 정보를 수집, 그래프화

알람	로그
지표의 임곗값을 넘거나 이벤트 발생 시 지정한 연락 대상에게 알림	AWS 서비스나 CloudWatch 에이전트를 통해 축적한 로그를 보관, 검색

Amazon CloudWatch

애플리케이션 모니터링	X-Ray 트레이스
Synthetics나 Real User Monitoring, 애플리케이션의 트레이스나 지표 정보의 대시보드 등 애플리케이션 모니터링에 필요한 기능을 제공	애플리케이션이 처리하는 요청을 서비스를 아울러 처리 시간이나 처리 흐름을 시각화

인사이트	이벤트
컨테이너나 AWS Lambda, 애플리케이션 등의 상세 정보 수집	시각이나 실행 트리거를 지정해 후속 처리의 이벤트 트리거 발생 ※ Amazon EventBridge로서 독립 서비스화

그림 4-18 CloudWatch에서 제공하는 기능 개요

4.4.2 로그와 트레이스 수집

● AWS 시스템의 로그와 트레이스

시스템의 로그와 트레이스를 수집하기 위해서, 먼저 각각 어떤 종류가 있는가를 파악합시다(그림 4-19).

유형	예
트레이스	✓ SQL 쿼리 ✓ 요청 로그
EC2/미들웨어	✓ 시스템 로그 ✓ 미들웨어의 에러 로그
AWS 서비스	✓ VPC 플로 로그 ✓ ELB 접근 로그 ✓ S3 버킷 접근 로그 ✓ AWS WAF 웹 ACL 로그
AWS 계정	✓ AWS CloudTrail ✓ AWS Config logs

그림 4-19 AWS의 각 레이어에서 출력되는 로그와 트레이스 예

AWS 계정의 IAM 사용자가 어떤 조작을 수행했는지, 어떤 AWS 서비스의 API가 실행됐는지를 기록하는 서비스로 **AWS CloudTrail**이 있습니다. 그리고 AWS 계정상의 리소스 변경 이력을 유지하는 서비스로 **AWS Config**에 로그 기능이 있습니다. 이 서비스들을 사용해 AWS 계정상의 로그를 얻을 수 있습니다.

계속해서 각 AWS 서비스가 출력하는 로그가 있습니다. 예를 들어 VPC 내부에 존재하는 네트워크 인터페이스 사이에서의 트래픽 정보를 기록하는 VPC 플로 로그나, 부하 분산을 위해 이용하는 ELBelastic load balancing, 스토리지 서비스인 S3 버킷으로의 접근을 기록하는 각종 접근 로그, 웹 애플리케이션 방화벽의 서비스인 AWS WAF 등의 규칙에 맞춰 접근을 허가했는지 기록하는 웹 ACL 로그 등 각각의 AWS 서비스가 로그를 출

력할 수 있습니다. 이들은 AWS 서비스에서 설정을 통해 로그를 취득할 수 있습니다. 또한, AWS 서비스이므로 대부분 S3나 AWS 로그 수집 서비스인 **Amazon CloudWatch Logs**와 연동할 수 있고, AWS Management Console에서 설정할 수 있습니다.

AWS가 제공하는 서비스 외에서 출력하는 로그의 예로 EC2의 OS나 미들웨어가 출력하는 시스템 로그나 미들웨어의 에러 로그가 있습니다. 그리고 트레이스의 예는 데이터베이스에 발행한 SQL 쿼리나 애플리케이션으로의 요청 로그 등이 있습니다. 이 로그나 트레이스는 출력 소스가 AWS이므로 로그를 수집하기 위해서는 CloudWatch 에이전트 등을 도입해야 합니다.

●● 로그를 관리하는 장소

계속해서 로그를 보관하는 위치에 관해 생각해봅시다. 로그를 수집하는 서비스인 CloudWatch Logs는 각 AWS 서비스로부터의 로그를 수집하기에 용이하며, EC2 인스턴스에 CloudWatch 에이전트를 도입하면 로그를 수집할 수도 있습니다. 그리고 **CloudWatch Logs Insights**를 사용하면 로그를 분석할 수 있습니다. 하지만 로그를 저장하는 것에만 주목하면 S3에 비해 30배 가까운 비용이 듭니다(그림 4-20).

사용한 CloudWatch Logs와 스토리지 비용(매월): 783.31 USD

S3 표준 비용(매월): 25.60 USD

그림 4-20 CloudWatch Logs(왼쪽)과 S3(오른쪽) 비용 비교

그렇다면 기능면에서는 어떨까요? CloudWatch Logs에 저장한 로그는 CloudWatch Logs Insights를 사용해 분석할 수 있고, **CloudWatch 알람**을 사용해 특정 메시지가 로그 메시지에 나타냈을 때 알람을 보내는 등 운용에 필요한 연동 서비스를 제공합니다. 한편 S3 단독으로도 로그 분석은 할 수 있지만, 쿼리문을 설정해야만 하는 등 시스템 운용 시 이용에는 적합하지 않습니다. S3은 어디까지나 스토리지 서비스이므로, 로그 분석이나 경고 알림 등을 수행하고 싶은 경우에는 다른 AWS 서비스와 연동해야만 합니다.

이를 구분해서 사용한다면 최근의 로그, 예를 들어 한 달 정도의 로그는 CloudWatch Logs에 저장해 분석하거나 경고 알림에 이용합니다. 이후에는 S3에 로그를 아카이브하고, 감사 등의 목적으로 필요하게 됐을 때 S3에서 로그를 얻는 등의 로그 보관 규칙을 정해두면 비용을 억제할 수 있을 것입니다.

◖◗ AWS 서비스가 출력하는 로그의 흐름

AWS 서비스가 출력하는 로그의 흐름을 종합하면 다음과 같습니다(그림 4-21).

로그는 다양한 서비스로부터 발생되나, 로그를 보관하는 위치는 CloudWatch Logs 또는 S3 중 하나가 됩니다. 보관한 로그는 활용을 위해 가공한 후 알람 메일을 보내거나, Auto Scaling 트리거, 그래프화, 검색 서비스와 연동하는 등으로 활용하기 위한 서비스로 전송합니다. 여기에서 포인트는 로그를 출력하는 서비스에 따라 로그 보관 위치로 선택할 수 있는 서비스가 결정돼 있다는 것, 로그 형식이 다르다는 것입니다. 로그 형식은 단순한 텍스트 형식의 로그는 물론 JSON 형식의 로그도 있습니다. 그리고 로그 안에 기재되는 정보도 다릅니다. 그렇기 때문에 단순히 한 장소에 집약하는 것만으로는 통합적으로 분석을 할 수 없으며, 일정하게 가공해야 합니다.

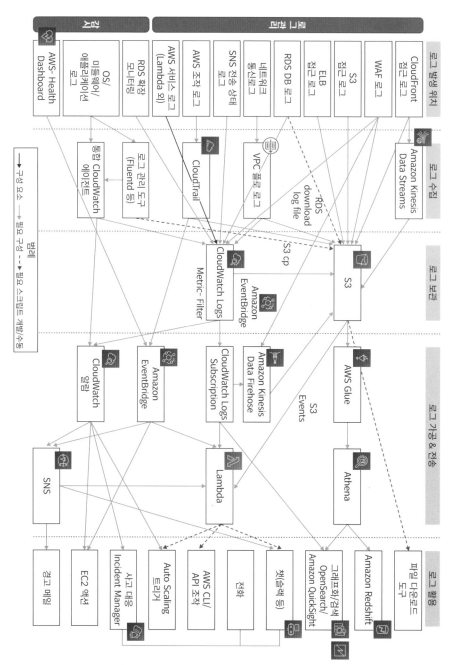

그림 4-21 로그 흐름 전체 이미지

4.4.3 온프레미스에서 클라우드로의 모니터링 마이그레이션

시스템 감시나 로깅의 구현 패턴을 살펴봅시다. 온프레미스에서 이전하는 경우, **온프레미스에서 이용하던 감사 도구(Zabbix, Hinemos 등)도 함께 클라우드로 이전하는 패턴**이 있습니다. 기존 감시 도구를 그대로 이용할 수 있기 때문에 운용 변경이 발생하지 않는 것이 장점이지만, 감시 도구의 가용성 확보나 감시 도구 자체의 유지보수를 직접 수행해야 하는 등 시스템을 클라우드로 이전하는 장점을 누리지 못하게 됩니다.

AWS의 감시 서비스인 CloudWatch나 분석 서비스인 **Amazon OpenSearch Service** 등의 매니지드 서비스를 이용하면 가용성 확보나 감시 도구의 유지보수에 관해 전혀 생각하지 않아도 됩니다. 그리고 감시를 전문적으로 수행하는 SaaS도 다양하게 출시돼 있으므로, 이들을 활용하면 AWS 이외의 시스템으로부터의 로그나 지표를 수집할 수 있으며 대시보드가 제공되는 등의 장점이 있습니다.

SaaS를 사용할 때의 단점은 별도로 추가 비용이 든다는 점과 SaaS 사양에 따라 **로그나 지표 정보를 해외 데이터 센터에 송신하게 되는 점**을 들 수 있습니다. 특히 로그에는 중요한 정보가 포함됐을 가능성이 있으므로 해외로 전송해도 문제가 없는지, 시스템 요건을 확인해 채용을 검토해야 합니다. 예를 들어 SaaS에 로그를 전송하기 전에 중요 정보의 마스크 처리를 하는 등의 대책도 가능하지만, 이를 감수하면서 SaaS를 활용할 가치가 있는지는 검증해야 합니다.

온프레미스에서 이전을 통해 기존 운용으로부터의 벗어나기 어렵다면, 단계적으로 마이그레이션할 수 있는지 검토합시다. 여러 시스템을 클라우드로 마이그레이션하면서, 일부 시스템에서만 CloudWatch나 감시 SaaS로 마이그레이션하고 운용 순서의 변경점이나 마이그레이션에 따른 효과를 확인합시다. 그림 4-22는 시스템의 일부에서 클라우드의 운용 서비스를 이용하기 시작해, 효과를 평가한 후 전체 시스템에서 클라우드 운용 서비스를 활용하는 예입니다. C 시스템을 이용해 클라우드의 운용 서비스(그림에서는 CloudWatch를 기재했으나 감시 SaaS도 마찬가지)를 평가합니다. 포인트는 **C 시스템의 지표와 로그를 기존 감시 도구에도 보내는 것**입니다. 시스템의 장애와 특이한 운용을 해

야만 하는 상황이 언제 발생할지 알 수 없습니다. 그렇기 때문에 분석에 필요한 데이터
가 새로운 운용 도구에만 존재하면, 만일의 경우에 장애 대응에 시간이 걸리거나 대응
순서가 충분하지 않아 대응할 수 없는 문제가 발생할 수 있습니다. 이런 문제를 피하기
위해 감시 서비스의 평가 기간 중에는 기존 감시 도구에도 함께 로그 등의 데이터를 보
내도록 합니다.

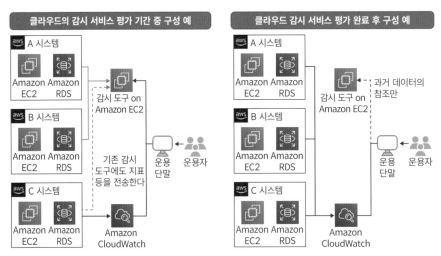

그림 4-22 클라우드 감시 서비스로의 마이그레이션

⬤ 감시 서비스 평가

감시 서비스 평가를 위한 구성을 마쳤다면, 클라우드의 감시 서비스로 마이그레이션하
는 장점을 얻을 수 있는가를 평가 축으로 정하고 평가를 수행합니다. 표 4-10과 같이
**단순한 비용 관점뿐만 아니라, 운용 업무가 효율화되는지, 클라우드에 최적화할 수 있
는지 등 다각적으로 평가합니다.** 예를 들어 온프레미스에서 운용 순서가 변경되기 때
문에 초기에는 교육 비용이 들지만, 클라우드화에 따라 업무 자동화를 기대할 수 있다
면 투자 대비 효과를 평가해야 합니다. 한편 보안 요건과 운용 전용 공간 등 온사이트
에서만 가능한 업무가 있다면 어디에서나 업무를 할 수 있는 클라우드이 장점이 나타나
지 않기도 합니다. 사전에 평가 축을 결정하고, 현생 운용을 지속할 것인지, 다른 시스템
도 클라우드 서비스를 사용한 운용으로 변경할 것인지 판단합시다. 클라우드 서비스를

사용한 운용에 장점이 없다고 판단한 경우에는, 되돌리는 것이 쉬운 점도 클라우드의 강점입니다.

표 4-10 감시 도구를 클라우드로 마이그레이션하는 효과에 대한 평가 예

분류	항목
비용	• 감시 서비스나 SaaS 이용료는 예상대로인가? • 클라우드화를 하면 운용자의 역할은 줄어들 수 있는가?
효율화	• 운용 업무 자동화/효율화가 가능한가? • 리소스 관리, 수용량 관리, 사고 관리 등의 자동화/효율화가 가능한가? • 운용 업무 제공 시간, 전달 시간 등 운용 업무 지표를 향상할 수 있는가?
교육	• 운용자에 대한 스킬 전달이 가능한가? • 특정 사람에 소속된 운용 작업이 되지 않는가?
클라우드 최적	• 온사이트에서만 가능한 운용 업무가 있는가? • 보안 요건상 클라우드에서의 운용에 장벽이 되는 조항은 있는가?

4.4.4 경고 취급

●● 경고 알림 방법

마지막으로 시스템 이상을 알리는 경고에 관해 생각해봅시다. 온프레미스, 클라우드에 관계없이 시스템으로부터의 **경고 알림**은 이상 사태를 알리는 것이며, 복구 개선을 위한 대응이 필요합니다. 신속한 복구 대응을 위해서는 전송하는 경고가 효과적이어야 하므로 알림 방법을 잘 검토해야만 합니다. 예를 들어 메일 알림은 이상 내용을 자세히 기재할 수 있어 편리하지만, 메일을 읽을 수 있는 환경이 아니면 대응할 수 없습니다. 한편 전화를 통한 알림은 상세한 정보를 전달하기 어려운 경우도 있습니다. 그렇기 때문에 전화와 챗 양쪽으로 알림을 전송하도록 하면, 전화로는 최소한의 내용만 전달하고, 상세한 내용은 챗으로 확인하는 운용이 가능합니다. 또한 챗 알림에서는 지표의 시간 변화를 첨부할 수 있고, 곧바로 대응책을 논의할 수 있으므로 메일보다 원활하게 문제에 대응할 수 있습니다(그림 4-23).

그림 4-23 메일 알림(왼쪽)과 챗 알림(오른쪽)의 예

◼️◼️ 알림 방법의 구분

전화와 챗 또는 메일 알림을 어떻게 구분해서 사용하면 좋을까요? 이것은 시스템이나 운영체제에 따라 다르므로 어떤 것이 좋다고 말하기 어렵지만 **사고의 치명도, 대응에 필요한 인원에 따라 나누는 것**이 좋을 것입니다. 예를 들어 서비스가 완전히 정지돼 있음을 나타내는 사고 알림은 Tier 1로의 전화와 챗 알림을 수행해 달려가서 대응하도록 하는 것뿐만 아니라, 상위인 Tier 2에 동시에 알리면서 일찍부터 복구에 대한 대응을 검토할 수 있습니다(표 4-11). 축소 운전으로 서비스를 계속해서 제공할 수 있는 수준이라며 Tier 1로의 전화와 챗으로 알라고, 알람 알림을 받은 경우는 Tier 1에서 정해진 조작을 실시하는 동시에, Tier 2로 에스컬레이션을 수행합니다. 그리고 성능 열화나 에러 등의 경미한 사고는 챗/메일로만 알림을 전송하고, 일반적인 운용 시간대에 대처합니다.

표 4-11 사고 내용에 따른 알람 대상 정리 예

	전화(Tier 2)	전화(Tier 1)	챗/메일 알림	지켜봄
치명적 (완전 정지)	• 외형 감시 실패 • 대상 그룹의 Healthy Host Count 수가 0 • 로그 감시(치명적 수준)			
중대 (축소 운전)		• 외형 감시 대응 지연(위기적 수준) • Disk 감시(잔량 10% 이하) • 대상 그룹의 UnHealthyHostCount 수가 1 이상 • 시스템/인스턴스 상태 확인 실패 • 로그 감시(경계, 위기적 수준)		

경미
(성능 열화
또는 에러)
			• 외형 감시 대응 지연(경고 수준)
			• 디스크 감시
			  (잔량 15% 이하)
			• 로그 감시
			  (에러 수준)
				• 각종 지표
				  (CPU/memory/etc.)
				• 각종 로그
				  (에러 수준의 억제 완료 포함)

정상				

운용 자동화

경고 알림을 트리거로 하여 수동 오퍼레이션을 수행하는 것뿐만 아니라, **각종 클라우드 서비스를 이용해 오퍼레이션을 자동적으로 실행해서 복구시키는 것, 정형적인 오퍼레이션 작업을 자동화**할 수 있습니다. 구현할 수 있는 운용 자동화의 예도 시스템에 따라 다양하며, 예를 들어 다음과 같은 것을 할 수 있습니다.

- 이상이 발생한 인스턴스를 재기동합니다.
- 바이러스를 감지하면 대상 인스턴스의 보안 그룹을 외부 송신이 불가능한 것으로 바꾸어 네트워크에서 가상적으로 이탈시킵니다.
- 장애 발생 시에 초기 대응으로 실행할 전형적인 오퍼레이션 작업을 자동 실행하고, 결과를 챗으로 알립니다.

오퍼레이션 자동 실행의 트리거는 CloudWatch 알람에서의 경고 알림으로 하고, AWS Systems Manager Incident Manager에 사고를 등록합니다. Incident Manager에는 AWS Systems Manager Automation을 사용하고, 전형적인 형태의 운용 업무나

복구 작업을 등록한 런북Runbook을 실행할 수 있습니다. 병행해서 CloudWatch 알람은 Amazon SNS를 경유해 AWS Lambda를 실행시켜 복구 작업을 실행할 수도 있습니다. Amazon SNS는 AWS Chatbot을 경유해 채팅 도구에 장애 발생을 알립니다.

구현 패턴은 다른 방식을 사용할 수 있습니다. 예를 들어 Systems Manager Incident Manager에서 Chatbot을 경유해 챗 도구에 알림을 보낼 수 있고, AWS Lambda에서 워크플로 서비스인 AWS Step Functions를 기동하면, 복잡한 처리를 수행할 수 있습니다. 그리고 이런 운용 자동화는 **시스템 릴리스 전에 모든 패턴을 망라하기는 어렵습니다.** 실제로 운용을 수행하면서 자주 등장하는 것 또는 순서가 복잡해 수동으로 작업하면 실수가 발생할 리스크가 있는 것을 우선적으로 추가 구현합니다.

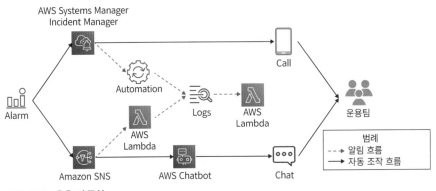

그림 4-24 운용 자동화

5

클라우드 아키텍쳐링 포인트

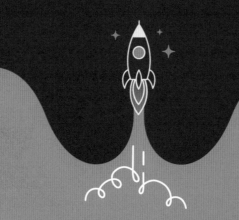

지금까지는 아키텍처링 노하우를 전달했습니다. 이번 장에서는 그 노하우들을 가상의 시스템 요건에 적용해보면서 아키텍처링의 판단 포인트에 대해 알아보겠습니다.

5.1 | 시스템 요건

이번 절에서는 이후 절에서 아키텍처링을 수행할 때의 입력이 되는 가공의 시스템 요건을 결정합니다. 실제 시스템의 요건은 훨씬 엄격하고 복잡하겠지만, 아키텍처링 연습용이라고 생각합시다. 실제 시스템 요건 정의 시에도 이번 절의 내용이 히어링의 포인트가 됩니다.

5.1.1 설정한 가공의 요건

'엔터프라이즈 애플리케이션을 이용한 기업 사이트의 클라우드로의 마이그레이션' 프로젝트를 시행해봅시다.

시스템 요건

- 엔터프라이즈 애플리케이션 최신 버전 이용(이전)
- 엔터프라이즈 애플리케이션의 유지보수 계약은 필수
- 프로덕션 환경은 가용성 필수
- 개발용과 검증용 환경 필요
- 개발용과 검증용 환경은 평일 일과 중에만 기동
- RTO/RPO는 여섯 시간
- 재해 대응은 최소한으로 하고 싶음
- 접근 수는 월말에 20% 정도 증가하지만, 그 외에는 안정적
- 감사용 로그는 1년간 보관. 한 달 분의 로그는 집계를 위해 이용하지만 이후에는 이용하지 않음

5.2 | 구성 검토 포인트

5.1절 '시스템 요건'을 바탕으로 AWS 환경의 아키텍처링을 수행합니다. 구체적으로는 AWS 계정에 대한 다중 계정 아키텍처, DB 전략, 로그 보관 요건 구성을 결정합니다. 그리고 비용 관점에서는 절감형 플랜 등의 구입 여부를 판단합니다.

5.2.1 다중 계정 아키텍처

앞서 설명한 것처럼 AWS 계정은 **워크로드**workload(클라우드에서 실행되는 애플리케이션, 서비스, 기능, 일정량의 작업)별로 분할하는 것이 모범 사례입니다.

청구를 통합하는 AWS 계정(관리 계정)에는 리소스를 배치하지 않으므로, 독립한 하나의 AWS 계정으로 준비합시다.

AWS의 다중 계정 환경을 제공하는 서비스인 AWS Control Tower를 사용하며 로그 아카이브용 AWS 계정과 감사용 AWS 계정, 이것들을 묶은 **OU**(조직 단위)organizational unit라는 그룹이 생성됩니다. 5.1절 '시스템 요건'에서는 개발용, 검증용, 프로덕션용 환경이 요구되므로 세 개의 AWS 계정이 필요합니다. 개발용, 검증용, 프로덕션용 AWS 계정은 앞에서 등장한 로그 아카이브용과 감사용 AWS 계정과는 용도가 다르므로, 다른 OU에 포함시킵니다.

개발용, 검증용, 프로덕션용의 각 AWS 계정 내 구축한 서버에 구축 및 유지보수 목적으로 접근하기 위한 점프 서버를 배치하는 점프용 계정, AWS Management Console에 로그인을 집약하는 로그인용 계정을 준비해도 좋습니다.

이상의 내용을 그림으로 나타내면 그림 5-1과 같습니다.

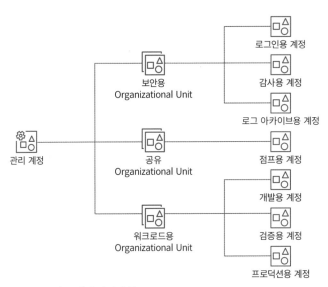

로그인용 계정

보안용
Organizational Unit

감사용 계정

로그 아카이브용 계정

관리 계정

공유
Organizational Unit

점프용 계정

개발용 계정

워크로드용
Organizational Unit

검증용 계정

프로덕션용 계정

그림 5-1 다중 계정 아키텍처

5.2.2 RTO/RPO에 맞춘 백업/DR 전략

BCP(업무 연속성 계획)business continuity planning에 관해 백업/DR 전략은 가장 중요하지만,
지불할 수 있는 비용이 어느 정도인가가 핵심이 됩니다. 백업을 몇 가지 방법을 통해 얻
을 수 있지만, 백업 취득 서비스인 **AWS Backup**을 활용하여 EC2 인스턴스나 Amazon
RDS, Amazon Elastic File System 등의 리소스의 백업 취득 일정이나 유지할 세대 수
등을 일괄적으로 관리/제어할 수 있습니다.

또한 AWS Organizations를 활용한 다중 계정 아키텍처라면 **AWS 계정 사이에서 백
업 정책을 일원적으로 진행할 수 있습니다.** 즉 여러 시스템을 AWS에 진행하고 있는 경
우, 관리 계정에서 회사의 BCP에 따른 백업 정책을 각 AWS 계정의 시스템에 적용시킬
수 있습니다.

그리고 AWS Backup은 리전 사이의 복사에도 대응하고 있으므로 백업을 DR용 리전
에 배치하는 것도 가능합니다. 여기에서 가정한 시스템은 RPO(목표 복구 시점)이 여섯
시간이므로, 여섯 시간마다 백업을 취득하도록 스케줄링하게 됩니다.

계속해서 RTO(복구 시간 목표)를 검토합시다. 시스템 복구 방법으로서는 먼저 **수동 또는 자동 중 하나**를 결정합니다. 수동의 경우는 RTO가 길어지고, 순서 실수에 따라 복구 실패 등의 리스크가 따라다니지만, 시스템에 대한 사전 투자가 적습니다(별도, 정기적인 순서 확인을 위한 복구 리허설 등 교육 비용이 듭니다).

반면 자동화의 경우는 복구를 수행할 때 걸리는 시간을 짧게 할 수 있고, 사람의 손을 빌리지 않아도 되기 때문에 실수 없이 복구할 수 있지만, 복구 작업을 시작하는 조건을 도출한 후부터 복구 작업의 구현, 테스트 등, 일련의 개발 비용이 듭니다. 그리고 자동화의 어려운 점으로서 **복구 개시 조건으로서 가정하지 않았던 사건이 발생했을 때 대응할 수 없다는 점입니다.** 자동화를 선택하는 경우는 어디까지 자동화할 것인가가 분수령이 됩니다. 예를 들어 완전 자동화에 따른 복구를 수행하고 싶은 경우, 복구 작업 개시 조건이 되는 이벤트를 정의해야 합니다. 하지만 모든 장애 이벤트를 사전에 정의하는 것은 곤란하므로, 장애 이벤트의 감지와 복구 이벤트 사이에는 사람의 손을 계속 움직이는 구조입니다.

가정한 요건에 따라 DR(재해 복구) 방식을 검토합니다(그림 5-2). 시스템 요건에 재해 대책은 최소한으로 하고 RTO/RPO도 여섯 시간으로 충분히 길기 때문에, DR 대책은 비용을 가장 절약할 수 있는 **Backup & Restore**로 충분합니다.

Restore 방식은 RTO가 여섯 시간이므로 수동으로도 시간에 맞출 수 있다고 생각할 수 있지만, 오퍼레이션 실수를 회피하기 위해 일부를 자동화하도록 구현합니다. 어떤 부분을 자동화할 것인가는 시스템 특성에 따라 다르지만, AWS의 IaC를 실현하는 AWS CouldFormation을 이용해 DR 환경에 백업한 인스턴스의 이미지로부터 인스턴스를 실행하도록 사전에 코드를 준비하는 것이 좋습니다. 이 경우 DR의 트리거 여부는 인간이 판단하고 CloudFormation의 스택을 설정하고, AWS의 도메인 서비스인 Route 53을 통해 대상지를 DR 환경으로 전환하도록 작업을 수행합니다.

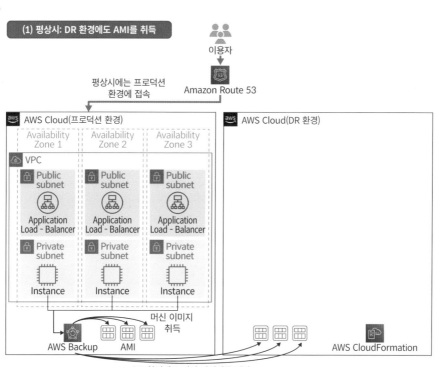

(1) 평상시: DR 환경에도 AMI를 취득

이용자

평상시에는 프로덕션
환경에 접속

Amazon Route 53

AWS Cloud(프로덕션 환경)

Availability Zone 1　　Availability Zone 2　　Availability Zone 3

VPC

Public subnet　　Public subnet　　Public subnet

Application Load - Balancer　　Application Load - Balancer　　Application Load - Balancer

Private subnet　　Private subnet　　Private subnet

Instance　　Instance　　Instance

AWS Backup　　AMI　　머신 이미지 취득

AWS Cloud(DR 환경)

AWS CloudFormation

DR 환경에도 머신 이미지를 저장

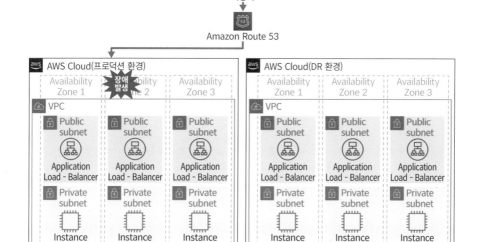

(2) 장애 발생 직후: CloudFormation으로 AMI로부터 DR 환경을 구축

이용자

Amazon Route 53

AWS Cloud(프로덕션 환경)

Availability Zone 1　　Availability Zone 2　　Availability Zone 3

장애 발생

VPC

Public subnet　　Public subnet　　Public subnet

Application Load - Balancer　　Application Load - Balancer　　Application Load - Balancer

Private subnet　　Private subnet　　Private subnet

Instance　　Instance　　Instance

AWS Backup　　AMI

AWS Cloud(DR 환경)

Availability Zone 1　　Availability Zone 2　　Availability Zone 3

VPC

Public subnet　　Public subnet　　Public subnet

Application Load - Balancer　　Application Load - Balancer　　Application Load - Balancer

Private subnet　　Private subnet　　Private subnet

Instance　　Instance　　Instance

AMI　　AWS CloudFormation　　AMI를 이용해서 환경을 구축

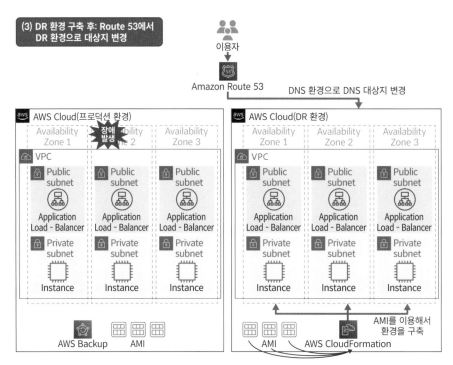

그림 5-2 DR 환경 구축

5.2.3 Auto Scaling 사용 여부

컴퓨팅 리소스를 부하 상태에 맞춰 증감시키는 서비스인 Auto Scaling이지만, 3장에서 설명한 것처럼 만능은 아닙니다. 이번 시스템에서는 접근 수는 월말에 20% 정도 증가 하지만, 이 밖에는 안정돼 있다는 전제이므로 프로덕션 환경에서는 Auto Scaling을 이용할 필요는 없습니다.

Auto Scaling을 사용하지 않으면 **사전에 필요한 수용량을 예측하고, 적절한 인스턴스 크기를 선택해야 합니다.** 수용량이 예측이 어려운 경우는 버퍼를 포함시켜 큰 인스턴스 크기를 선택하고, 수개월 운영한 후 크기를 변경하는 전략도 가능합니다. 그 경우에는 미리 예약 인스턴스나 절감형 플랜을 구입하면 비용이 낭비될 가능성이 있으므로 주의 해야 합니다.

5.2.4 비용 관리/절감 전략

📀 불필요한 시간대에 인스턴스를 정지

시스템 요건에 '개발 환경이나 검증 환경은 평일 일과 시간에만 이용'한다는 조건이 있으므로 **불필요한 시간 대에 인스턴스를 정지시킬 수 있다면 큰 비용 감소를 예상할 수 있습니다.** 예를 들어 일주일간 평일 10시간만 기동하는 경우, 기동 시간은 50시간입니다. 일주일 내내 기동한다면 7일 × 24시간 = 168시간이므로, 인스턴스의 운용 비용을 1/3 이하로 줄일 수 있습니다.

인스턴스를 자동으로 기동/정지하는 방법은 몇 가지 있습니다. 예를 들어 Auto Scaling의 [예약된 액션]을 활용해서 평일 일과 시간에만 인스턴스를 기동할 수 있습니다(그림 5-3). 단 Auto Scaling은 기동하는 인스턴스의 AMI 이미지를 지정해야 하므로, AMI 이미지의 업데이트가 빈번하게 수행되는 시간 등 매번 Auto Scaling 설정을 업데이트해야 하므로 상당한 노력이 수반됩니다.

그림 5-3 Auto Scaling의 [예약된 액션] 예

다른 인스턴스의 자동 기동/정지 방법으로 얼마 전까지는 Amazon EventBridge와 AWS Systems Manager Automation, 또는 AWS Lambda를 조합하는 것이 일반적이었습니다. 2022년 10월에 **Amazon EventBridge Scheduler**라는 새로운 기능이 제공되기 시작했습니다(참고 5-1 및 그림 5-4).

참고 5-1 **Amazon EventBridge, 새로운 Scheduler 출시**
https://aws.amazon.com/ko/about-aws/whats-new/2022/11/amazon-eventbridge-
launches-new-scheduler/

그림 5-4 Amazon EventBridge Scheduler

Amazon EventBridge Scheduler는 인스턴스 기동/정지는 물론 아니라 AWS 서비스의 각종 태스크 실행을 스케줄링할 수 있는 서비스입니다(그림 5-5).

그림 5-5 Amazon EventBridge Scheduler 설정 화면

이 밖에도 인스턴스를 자동화 기동/정지하는 솔루션(AWS Instance Scheduler)도 AWS에서 제공합니다(참고 5-2). 태그를 붙여서 인스턴스 스케줄을 세세하게 제어할 수 있는 등의 기능을 제공합니다. 유지보수성과 요건에 따라 어떤 방법을 선택할 것인지 검토합시다. 복잡한 스케줄링이나 대량의 스케줄 패턴이 없다면 Amazon EventBridge Scheduler를 활용하는 것이 가장 간단하고 유지보수하기 쉬운 방법입니다.

참고 5-2 **Instance Scheduler on AWS**
https://aws.amazon.com/ko/solutions/implementations/instance-scheduler-on-aws/

●◗ 예약 인스턴스나 절감형 플랜 구입

계속해서 컴퓨팅 리소스의 이용료를 감소하는 방법으로 생각해볼 수 있는 것이 **예약 인스턴스**Reserved Instances, RI와 **절감형 플랜**Savings Plans, SP 구입입니다. 먼저 두 가지의 차이를 확인해봅시다(그림 5-6). 예약 인스턴스와 절감형 플랜은 종류가 다양하므로 여기에서는 크게 구분하겠습니다. 더욱 상세한 정보는 공식 문서 등을 참조합시다(참고 5-3).

참고 5-3 **절감형 플랜이란 무엇입니까?**
https://docs.aws.amazon.com/ko_kr/savingsplans/latest/userguide/what-is-savings-plans.html

예약 인스턴스의 특징	절감형 플랜의 특징
• 할인을 적용하는 인스턴스를 선택해서 계약 • EC2 인스턴스에만 적용 가능 • 인스턴스 크기에 제한이 있음 • OS에 제한 있음 • 수용량 예약이 가능한 종류가 있음	• 한 시간당 이용료로 계약 • Lambda나 Fargate에도 적용 가능한 종류가 있음 • 인스턴스 크기에 제한 없음 • OS에 제한 없음 • 수용량 예약 불가

공통
• 1년 또는 3년간 확보하는 것을 확약 • 지불 방식을 사전에 결정

그림 5-6 예약 인스턴스와 절감형 플랜의 차이

예약 인스턴스는 **미리 지정한 인스턴스 크기 등을 조건에 맞는 인스턴스의 이용료를 할당하는 것**입니다. 이용하는 인스턴스 크기 등이 확정돼 있다면 좋지만, 인스턴스 크기를 변경한 경우에 예약 인스턴스가 적용되지 않는 일이 발생합니다. 그리고, 할인 대상은 EC2 인스턴스뿐이므로 Lambda나 Fargate를 활용하는 경우에는 사용할 수 없습니다. 한편 수용량 예약을 수행하므로 인스턴스를 기동하고 싶을 때 확실하게 이용할 수 있습니다.

계속해서 절감형 플랜은 **시간당 이용량에 따라** 계약합니다. 10만 원을 내면 12만 원 정도를 사용할 있는 쿠폰과 같은 이미지에 가깝다고 생각합니다. 절감형 플랜으로 지정하는 것은 커밋 금액뿐이며, 인스턴스 크기 등은 지정할 수 없으므로 할인율이 높은 인스턴스 크기부터 차례로 적용됩니다. 그리고 EC2 인스턴스뿐만 아니라, Lambda나 Fargate에도 적용할 수 있는 종류도 있으므로 서버리스나 컨테이너화를 진행하는 사람도 활용할 수 있습니다.

예약 인스턴스와 절감형 플랜의 공통점으로서 커밋하는 기간과 사전 지불 유무 등의 지불 방식을 결정해야 합니다. 그리고 AWS Organizations를 이용한 다중 계정 구성의 경우, **관리 계정으로 구입한 예약 인스턴스나 절감형 플랜은 AWS Organizations 아래의 계정에도 적용할 수 있습니다.**

예약 인스턴스와 절감형 플랜 중 어떤 것을 선택해야 하는지에 대에서는 절감형 플랜이 후발 주자이므로 유연성이 높고, **특별히 예약 인스턴스여야만 하는 요건이 없는 한 절감형 플랜을 선택하는 편이 좋을 것**입니다.

● **주의점**

예약 인스턴스도 절감형 플랜도 할인을 받기 위한 필수 서비스이지만, 커밋 시간 사이에 컴퓨팅 리소스 이용이 달라지는 경우에는 도리어 할인이 아니라 비용이 인상되는 경우도 있습니다. 예를 들어 앞에서 설명한 것처럼 **예약 인스턴스는 이용하고자 하는 인스턴스 크기가 달라져 할인 적용 대상이 아니게 되는 경우가 있습니다.**

다른 예로는 워크로드 변화나 개발을 완료했을 때 필요 인스턴스 수가 감소한 결과, 정상 이용분으로 구입한 예약 인스턴스나 절감형 플랜의 권리를 소화할 수 없게 되기도 합니다(그림 5-7). 워크로드 변경이나 개발 종료에 따라 인스턴스 수가 변경될 예정이 있다면 **예약 인스턴스나 절감형 플랜의 구입 시 대상에 포함되는지 잘 검토하고, 커밋 기간을 1년 단위로 설정해서 정기적으로 예약 인스턴스, 절감형 플랜 대상을 조사하는** 등의 대책이 필요합니다.

마지막으로 내용의 반복이 되지만 예약 인스턴스나 절감형 플랜의 할인을 이용하기 전에, 기동이 불필요한 인스턴스는 정지, 삭제하도록 하는 것이 비용 절약의 대전제입니다.

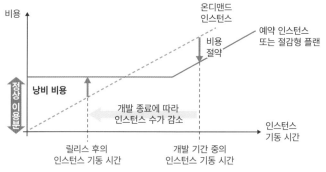

그림 5-7 인스턴스 기동 시간과 손익 분기점의 예

여기에서는 시스템의 접근 수가 안정돼 있다고 가정했으므로, 필요한 인스턴스 수를 줄일 수 없습니다. 안정적으로 기동하는 인스턴스만큼의 절감형 플랜을 구입하는 방침으로 충분합니다. 그리고 개발 환경이나 검증 환경은 평일 일과 시간대에만 이용하므로 불필요할 때는 정지하는 것을 전제로 하고, 그 상태에서 커밋 금액을 산출해야 합니다. 개발을 시작하자마자 구입하는 것이 아니라 **어느 정도 개발이 진행된 상태에서 인스턴스 수나 크기에 변경이 없는 것을 확인한 후 커밋 금액을 결정하는 것이 좋습니다.** 실제 요건의 경우에는 인스턴스의 크기나 수가 실제로 작동할 때까지 모르는 경우도 있으므로, 그때는 가동 후 일정 기간(예를 들어 세 달) 정도 지켜본 뒤 절감형 플랜을 적용하는 편이 불필요한 커밋이 되는 리스크를 줄일 수 있습니다.

5.2.5 로그 취급

4.4.2절에서 CloudWatch Logs와 S3의 로그 보관료의 차이, AWS에서의 로그와 트레이스의 전체 이미지에 관해 이야기했습니다. 이번 절에서는 구현에 관해 생각해봅시다.

먼저 이번 시스템에서는 로그에 관한 요건은 '감사용으로 로그는 1년간 유지합니다. 한 달 분의 로그는 집계를 위해 이용하지만, 이후에는 이용하지 않는다'입니다. 대상이 되는 감사 로그는 다음과 같이 생각할 수 있습니다.

- AWS 조작 로그
- 각 AWS 서비스에서 출력되는 로그
- OS/미들웨어/애플리케이션에서 출력되는 로그

이것들을 CloudWatch Logs에 집약해서 분석이나 집계를 수행하고 한 달 경과한 로그는 보관 비용을 절약하기 위해 S3으로 익스포트해서 장기 보관합니다. 시간이 경과한 로그는 만일을 대비해 보존하므로, **S3 스토리지 클래스를 정기적으로 더욱 적은 빈도로 접근하는 것으로 바꾸면서** 한층 비용을 억제할 수 있습니다(그림 5-8). S3 Intelligent-Tiering을 활용하면, 접근 빈도에 따라 최적의 스토리지 클래스로 자동적으로 배치합니다.

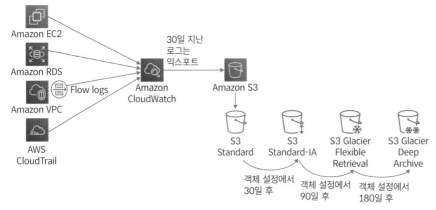

그림 5-8 로그 관리의 흐름

5.3 | 구축 시 검토 포인트

아키텍처링을 결정했다면 구축 방법을 결정합니다. AWS Management Console에서 클릭하면서 만들거나 IaC를 사용해서 일괄적으로 설정하는 방법 등을 사용할 수 있습니다. 필자는 시스템 제안서를 읽을 때가 있는데, '모든 리소스를 IaC로 구축합니다'라는 것도 봤습니다. 이번 절에서는 AWS의 리소스 설정 패턴의 장단점을 정리하겠습니다.

5.3.1 어떻게 구축할 것인가?

AWS의 리소스를 설정하는 방법은 다음 세 가지 패턴이 있습니다.

- GUI를 이용한 수동 설정
- AWS CLI를 이용한 설정
- IaC 서비스인 AWS CLoudFormation이나 하시코프HashiCorp의 테라폼Terraform(참고 5-4)을 이용한 설정

참고 5-4　**테라폼**
https://www.terraform.io/

GUI를 이용한 수동 설정은 AWS 매니지먼트 콘솔에서 AWS 리소스를 설정하는 가장 간단한 방법입니다. GUI이므로 초보자라도 비교적 쉽게 작업할 수 있으며, 별다른 사전 준비가 필요하지 않습니다.

AWS CLI는 AWS가 제공하는 명령줄에서 AWS 리소스를 관리하기 위한 통합 도구입니다. 스크립트와 조합해 실행하면서 같은 리소스를 대량으로 생성할 수 있습니다.

CloudFormation이나 테라폼을 이용한 IaC에서는 코드를 사용해 같은 구성을 만들 수 있으므로 대량의 AWS 리소스를 같은 품질로 만들 수 있습니다. 코드 내용과 실제

환경의 차이를 얻으면서 구성이 정확히 이루어졌는지 확인할 수 있습니다.

IaC를 이용한 구축은 대규모로 같은 구성을 만드는 경우에는 강력하지만, 코드 설정에 익숙해질 때까지는 생산성이 오르기 어렵다는 단점이 있습니다. 한편 GUI에서는 구축하기는 쉽지만 대량으로 AWS 리소스를 설정할 때는 시간이 들며, 수동으로 진행하기 때문에 품질에 편차가 발생합니다. 따라서 **어느 하나의 방법을 고집하지 말고, 각각의 장점을 활용해 구분해서 사용하는 것이 중요합니다.**

표 5-1에 AWS 리소스 설정 방법의 예를 정리했습니다. 기본 방침으로는 한 번만 수행하는 작업은 코드화하는 데 시간/노력을 들이지 않고 GUI로 실시하고, IaC는 장점을 활용하는 부분에만 적용하는 것이 좋습니다. IaC로 만드는 AWS 리소스로는 빈번하게 구성 변경을 수행하는 리소스, 여러 리전이나 AWS 계정에 설정할 예정인 리소스에 한정합니다. AWS CLI는 GUI와 IaC의 중간 위치에 자리합니다.

표 5-1 AWS 리소스 설정 방법의 사용 구분 예

설정 방법	사용 구분 방침	예
GUI	• 한 번만 수행하는 작업	• 콘솔 계정의 초기 설정 • Direct Connect 설정
AWS CLI	• 한 번만 수행하지만, 대량으로 수행하는 작업 • 정보 취득	• IAM 사용자의 설정 • CloudWatch 지표 이미지 취득
CloudFormation/ Terraform	• 빈번하게 구성 변경이 발생하는 리소스 • 멀티 리전, 다중 계정에 진행하는 리소스	• Security Group • ALB 규칙 • EC2 인스턴스

5.3.2 어디부터 만들 것인가?

●● AWS 계정 취득에서 개발팀으로의 환경 인계까지

아키텍처를 확인했다면 구축 진행 순서를 생각해봅시다. 다중 계정 아키텍처를 선택한 경우, 아무런 계획도 없이 AWS 계정을 여러 개 만들어 개발팀에게 전달하면 보안 대책이나 통제 없이 개발이 진행됩니다. 예를 들어 로그를 얻는 구조를 만들지 않으면 개발 기간 중 누가 무엇을 했는지 알 수 없게 됩니다. 그렇기 때문에 개발팀에 AWS 환경을

전달하기 전의 순서를 대략적으로 정리해둡시다.

● 관리 계정을 취득한다

최초에 취득하는 AWS 계정은 관리 계정입니다. 관리 계정은 청구 집약 등 AWS과의 계약을 담당합니다. 그렇기 때문에 **관리 계정의 루트 사용자는 특히 엄격하게 관리해야 하므로** 4.1.3절을 참고해 MFA 활성화 등의 관리를 준비합니다.

● 다중 계정 아키텍처를 위한 통제를 건다

계속해서 다중 계정 아키텍처를 위한 통제를 설정합니다. 통제를 설정하기 위한 서비스로 **AWS Control Tower**가 있습니다. AWS Control Tower를 활성화하는 것으로 로그 아카이브용 AWS 계정과 감사용 AWS 계정이 생성됩니다. 그리고 AWS Control Tower에서는 보안 리스크를 발생시키지 않기 위한 가드레일이 제공됩니다. 도한 AWS IAM Identity Center도 효과적이며, AWS 계정에 로그인하는 사용자를 일원화하여 관리할 수 있습니다.

AWS Control Tower 이용을 전제로 이야기를 진행했지만, 물론 AWS Control Tower를 이용하지 않고 다중 계정 아키텍처를 구현해도 관계없습니다. 개별적으로 AWS Organizations를 사용해 서비스 통제 정책_{Service Control Policy, SCP}를 만들어도 좋고, AWS IAM Identity Center를 사용하지 않고 로그인용 AWS 계정을 준비하고, IAM 사용자를 일원화하고, 각 AWS 계정에는 역할로 전환하는 방법도 괜찮습니다. **중요한 것은 통제를 하기 위한 구조를 구현하는 것**이며, 특정 AWS 서비스를 사용하는 것이 목적이 아닙니다.

● 예산 초과를 미연에 방지하는 구조를 정비한다

프로젝트에는 대부분의 경우 AWS의 운용 비용 예산이 미리 설정돼 있을 것이므로, **AWS 계정 전체의 예산 초과를 미연에 방지하기 위해 구조를 구현합니다.** 구체적으로는 AWS Budgets를 사용해 비용 적립으로부터 월말 예측 비용을 산출해 그것이 임곗값을 넘는다면 알람 알림을 수행하도록 설정합니다.

● **점프 서버를 준비한다**

마지막으로 개발팀의 멤버가 OS 계층 이상을 구축 작업할 때 가상머신으로 로그인하기 위한 점프 서버가 되는 서버를 준비합니다. **점프 서버를 경유해 각 서버로 접근시키면서 접근 경로를 집약하고 로그를 일원화할 수 있습니다.** 점프 서버 대신 AWS Systems Manager의 Session Manager나 Fleet Manager를 사용하는 경우에도 접근 권한 등 초기 설정을 수행해야 합니다.

여기까지 AWS 계정 취득부터 개발팀에 환경을 인계하기까지의 단계에 관해 설명했습니다. 물론 개발하는 시스템에 따라 준수해야만 하는 업계 표준이나 보안 대책이 다르므로, 프로젝트에 맞춰 부족한 단계나 이용하는 AWS 서비스를 추가하는 등의 조정을 하기 바랍니다.

그림 5-9 AWS 계정 취득에서 개발팀으로의 환경 인계까지의 흐름

●● **개발팀으로 환경을 인계한 후**

개발팀으로 환경을 인계했다면 **각 개발팀이 어떻게 기반에서 애플리케이션의 개발을 진행하는 것이 좋은지** 생각합니다. 간단하게 진행하고자 하나의 시스템에 대해 개발용, 검증용, 프로덕션용 AWS 계정이 각각 존재한다고 가정합니다. 포인트는 각 AWS 계정의 인프라스트럭처 구축을 모두 마친 뒤 업무 애플리케이션의 개발을 수행하는 사이클을 반복하는 구슬 꿰기 패턴과 인프라스트럭처 구축과 업무 애플리케이션을 부분적으로 병렬하면서 구축하는 병렬 패턴 중 하나를 선택하는 것입니다(그림 5-10).

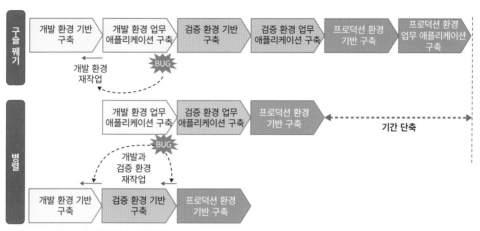

그림 5-10 각 AWS 계정 구축 패턴 비교

구슬 꿰기 패턴 쪽이 요건 누락 등에 의한 설계 수정이 있더라도 애플리케이션의 개발 전의 단계에는 검증 환경과 프로덕션 환경 인프라스트럭처를 구축하지 않으므로 재작업을 적게 해 완료할 수 있습니다. 한편 병렬 패턴은 개발 기간은 단축할 수 있지만 만일 업무 애플리케이션 개발 시에 인프라스트럭처 설계에 변경이 발생했을 때는 큰 재작업을 하게 됩니다. 그림 5-10에서는 개발 환경에서 업무 애플리케이션 개발 중에 인프라스트럭처에 대한 중대한 요건 누락이 발생한 것을 가정했습니다. 구슬 꿰기 패턴에서는 개발 환경 인프라스트럭처만 수정하면 되지만, 병렬 패턴에서는 이미 구축한 검증 환경도 수정해야 합니다. 그렇다고 해서 병렬 패턴에서의 개발 기간 압축의 장점은 매력적이며, 인프라스트럭처 구축을 IaC로 수행하면 재작업의 수고가 크지 않을 수도 있습니다.

6

다중 계정
아키텍처 구축

5장 마지막에 개발팀으로의 환경 인계까지의 단계에 관해 소개했습니다. 이번 장에서는 그 단계 중, AWS 계정의 취득부터 다중 계정 아키텍처를 구축하는 과정을 실습해봅시다.

6.1 | 실습 구성

실습에서 구축하는 다중 계정 아키텍처를 설계합니다. 먼저 전제가 되는 시스템 개요를 확인하고, 등장 인물을 정리합니다. 이를 바탕으로 AWS Organizations에서 OU를 설계하고 역할별로 준비한 AWS 계정을 배치한 후, 마지막으로 각 등장인물이 AWS 계정의 어디에 어떤 목적으로 접근하는가 하는 정보를 기반으로 구성도를 설정하겠습니다.

6.1.1 시스템 개요

시스템 아키텍처를 고려할 때 먼저 시스템과 이용자만 존재하는 단순한 구성에서 생각합니다(그림 6-1). 시스템은 전자 상거래 사이트나 홈페이지, 웹 애플리케이션 등 인터넷에 공개된 시스템뿐만 아니라 재택근무를 허용하는 경우라면 사내 시스템도 해당할 것입니다. 한편 시스템을 만든다면 그것을 이용하는 이용자가 존재합니다. 이용자는 PC, 스마트폰 등 다양한 방식으로 접근합니다. 시스템은 이런 이용 환경에 대응해야 한다는 점을 다시 확인하면 좋습니다.

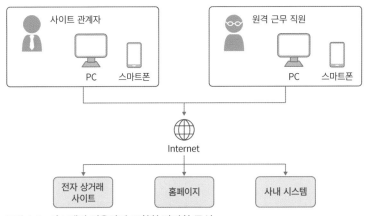

그림 6-1 시스템과 이용자만 포함한 간단한 구성

조금 더 시스템 개발에 관한 등장 인물들을 상세화합시다. 개발 프로젝트에는 프로젝트 관리자project manager, PM, 인프라스트럭처 담당자, 애플리케이션 개발자 등이 참여합니다. 여기에서는 인프라스트럭처 담당자와 애플리케이션 개발자의 역할 분담을 OS 계층으로 나누는 것으로 정의합니다. 이때, **인프라스트럭처 담당자는 각 AWS 멤버 계정으로 IAM 사용자를 이용해서 로그인하고**, 인프라스트럭처 부분의 설계와 구축을 수행합니다. 애플리케이션 개발자는 OS 계층보다 위쪽을 담당하므로 **AWS에 직접 로그인하지는 않고 OS 계층에 OS 사용자로 로그인해서 개발을 수행합니다.** PM은 시스템 개발 계획/실행을 관리하는 것이 임무이지만 AWS 이용료도 관리해야만 합니다. AWS 이용료가 회계 담당자에게 전달되므로 실적으로 기반으로 미리 확보한 예산에 수렴하는지 확인하고, 이후 이용료가 부족할 것으로 예상되면 예산을 추가하는 등의 사이클을 운영하는 것도 PM 역할입니다.

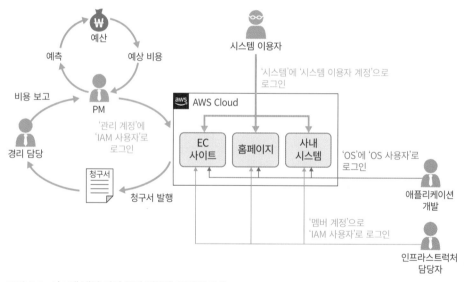

그림 6-2 시스템 개발 시의 등장 인물을 고려한 구성

6.1.2 시스템 구성도

아키텍처를 한층 구체화합니다.

⬤⬤ AWS 계정 구성 설계

가장 먼저 'AWS 멤버 계정을 얼마나 준비할 것인가?'를 검토해야 합니다. 하나의 AWS 계정, 관리 계정만으로 모든 리소스를 배치해서 시스템을 만들 수도 있습니다. 개인이 이용하거나 검증을 위해 이용하는 목적이라면 그것으로 충분할 수 있습니다. 하지만 **엔터프라이즈에서 이용하는 경우, 시스템은 환경별로 분할하는 것이 일반적입니다.** 예를 들어 온프레미스라면 개발용과 프로덕션용의 워크로드 실행 환경은 물리적으로 떨어진 위치에 배치합니다. 그리고 시스템 단위로 담당 팀이나 벤더가 다르다면 물리 서버에 대한 접근 권한도 담당 팀별, 벤더별로 할당하여 물리적으로 접근 권한을 분할합니다. 클라우드에서도 마찬가지로 **권한 분장 및 리소스 경계를 명확하게 하기 위해, 환경면이나 시스템 개발을 수행하는 벤더별로 AWS 계정을 분할합니다.** 즉 다중 계정 아키텍처로 합니다.

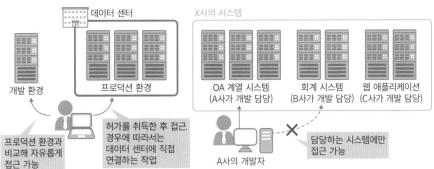

환경을 나누는 패턴

개발용과 프로덕션용으로 환경을 나누고, 프로덕션 환경에 대한 접근은 허가제로 하여 부주의한 변경 등으로부터 시스템 보호

벤더별로 시스템을 나누는 패턴

시스템 개발을 맡길 벤더별로 시스템에 대한 접근권을 분할하여 보안을 확보하고, 조작 실수에 의한 사고 등으로부터 시스템을 보호

데이터 센터

X사의 시스템

개발 환경

프로덕션 환경

OA 계열 시스템
(A사가 개발 담당)

회계 시스템
(B사가 개발 담당)

웹 애플리케이션
(C사가 개발 담당)

프로덕션 환경과 비교해 자유롭게 접근 가능

허가를 취득한 후 접근. 경우에 따라서는 데이터 센터에 직접 연결하는 작업

A사의 개발자

담당하는 시스템에만 접근 가능

그림 6-3 환경이나 공급사별로 AWS 계정(멤버 계정)을 준비한다.

다중 계정 아키텍처의 구성 패턴은 4.1.2절에서 소개했습니다. 여기에서는 전자 상거래 사이트용과 홈페이지, 사내 시스템이라는 서로 다른 세 가지 시스템을 AWS에서 실행하면서, 일정한 거버넌스를 활용할 수 있도록 기능 집약 패턴(4.1.2절 '다중 계정 아키텍처의 사고방식' 참고)에 따라 AWS 계정을 구성합니다.

◖◗ OU 설계

● 워크로드용 OU 설계

먼저 워크로드용 OU의 구조를 설계합니다. 각 시스템은 프로덕션 환경과 개발 환경에는 실행 시간이나 이용자가 다르므로, OU를 분할합시다. 이를 기반으로 각 시스템에 권한과 리소스를 분할하기 위해, 각각 다른 AWS 계정에 배치합니다. 그리고 각 워크로드의 OS 계층보다 상위로 접근하는 발판이 되는 환경을 제공할 것이므로, 전용 OU와 AWS 계정을 준비합니다. 워크로드용 OU 설계를 마쳤습니다.

● 보안용 OU 설계

계속해서 보안용 OU를 설계해 나갑니다. 보안용 OU에는 **로그 아카이브용 AWS 계정, 보안 감사용 AWS 계정이라는 어떤 시스템에도 필수라고 말할 수 있는 기능을 가진 AWS 계정**을 배치합니다. 다중 계정 아키텍처의 모범 사례에 따르는 구성을 제공하는 AWS Control Tower를 사용하면, 로그 아카이브용 계정과 감사용 계정을 만들 수 있습니다.

● 로그인용 OU 설계

시스템의 요건 정의에 따라 필요한 기능/비기능 요건을 도출한 단계에서 **공통된 기능 집약**을 검토하면 좋습니다. 시스템 요건에 따라서는 로그인용 AWS 계정, 시스템 모니터링용 AWS 계정이나 인터넷 접속용 AWS 계정을 준비할 수도 있습니다.

실습에서는 로그인 사용자의 일원 관리와 관리 계정에서 조작을 최소한으로 하기 위해 로그인용 OU를 준비하고 로그인용 AWS 계정을 추가로 설정합니다.

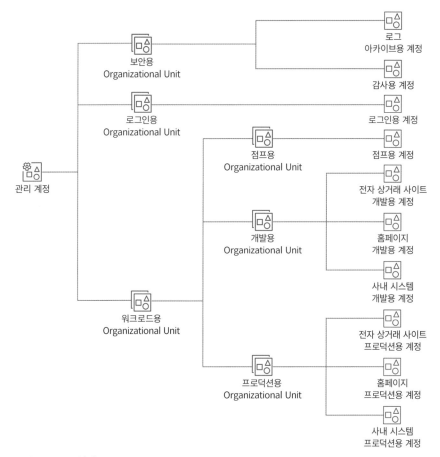

그림 6-4 OU 설계

◖◗ 각 AWS 계정에 배치하는 AWS 서비스 검토

다중 계정 아키텍처에서 AWS 계정과 OU 설계를 완료했으므로, 각 AWS 계정에 배치하는 AWS 서비스를 검토합니다.

● 관리 계정

먼저 관리 계정부터 생각해봅시다. **관리 계정에서는 다중 계정 아키텍처를 구성하기 위해 필요한 AWS Organizations와 AWS Control Tower를 사용합니다.** 그리고 AWS Control Tower를 진행하면 AWS IAM Identity Center(구 AWS Single-Sign-On)를

시작으로 하는 서비스가 관리 계정으로 진행되지만, **그 관리를 멤버 계정에 위임할 수 있습니다.** AWS 모범 사례는 관리 계정에서의 작업을 최소화하는 것입니다. 이 기능을 이용하면 관리 계정에서 작업하는 것을 극적으로 줄일 수 있습니다.

● 보안용 OU에 할당한 계정

보안용 OU에 할당한 AWS 계정에 필요한 AWS 서비스를 검토합니다.

감사용 계정에는 AWS에서의 액티비티를 기록하는 AWS CloudTrail, AWS 리소스 설정을 평가하고, 감사 및 심사를 수행하는 AWS Config와 보안 모범 사례를 따르고 있는지 체크할 수 있는 AWS Security Hub, AWS 계정을 지속적으로 모니터링해서 악의가 있는 액티비티를 감지하는 Amazon GuardDuty를 관리합니다. 그리고 감사용 계정에서 이용하는 서비스는 다른 계정에서도 동시에 이용할 수 있지만, 구성도(그림 6-5)에서는 생략했습니다.

로그 아카이브용 계정은 로그를 저장하는 Amazon S3와 S3에 저장한 로그를 분석하기 위한 Amazon Athena를 이용합니다.

● 로그인용 OU에 할당한 계정

로그인용 계정은 AWS Management Console에 로그인하는 사용자를 관리하는 AWS IAM Identity Center를 관리 계정에서 위임받아 관리합니다.

● 워크로드용 OU의 프로덕션용 계정, 개발용 계정

프로덕션 환경의 워크로드는 웹서버용으로 EC2 인스턴스를 각 AZ에 배치해서 ALB에서 요청을 분산해 가용성을 확보합니다. 데이터베이스에는 멀티 AZ의 Amazon RDS를 배치하여 가용성을 높입니다.

개발 환경은 프로덕션 환경과 같지만, **기동 시간이나 인스턴스 크기를 바꿔 비용을 절감하는 것이 일반적**입니다. 예를 들어 개발 환경을 매일 8시간 기동한 경우는, 매일 24시간 기동하는 경우에 비해 1/3의 비용만으로 가능합니다. 평일에만 기동한다면 비용을 절약할 수 있습니다. 그리고 개발 환경에는 단일 AZ를 구축하여 비용 절감을 원한다면, **가용성을 고려한 애플리케이션의 개발의 작동 테스트가 불가능하므로 권장하지 않습니다.** 필자는 개발 환경을 단일 AZ에서 구축한 결과가 프로덕션 환경과 차이가 생겨, 개발 환경에서는 발생하지 않는 애플리케이션 오류가 프로덕션 환경에서 발생한 경우가 있었습니다. 비용 절감뿐만 아니라 환경 차이에 따른 리스크를 감안해 개발 환경을 설계합시다.

● **워크로드용 OU의 점프용 계정**

계속해서 점프용 계정 구성을 검토합니다. 점프용 계정에는 점프 서버를 배치합니다. 그리고 AWS에는 AWS Systems Manager Session Manager나 AWS Systems Manager Fleet Manager와 같이 AWS Management Console에서 EC2 인스턴스로 접속할 수 있는 매니지드 서비스가 존재합니다. 이것을 사용하면 점프 서버를 없앨 수도 있습니다. 점프 서버를 이용하는 상황으로는 다음과 같은 경우를 생각할 수 있습니다.

- 보안 요건에 따라 PC 조작을 녹화할 필요가 있는 경우
- 애플리케이션 개발자에게 AWS에 로그인하기 위한 IAM 사용자를 허용하고 싶지 않은 경우

시스템이 만족해야 할 요건에 따라 설계합니다.

이제 이 시스템의 구성도를 그릴 수 있습니다. 이 구성도에 등장한 서비스나 기능만으로 완벽하지는 않지만, **이 구성도를 기반으로 인식을 맞추고 요건 정의 및 설계를 수행할 수 있게 됩니다.**

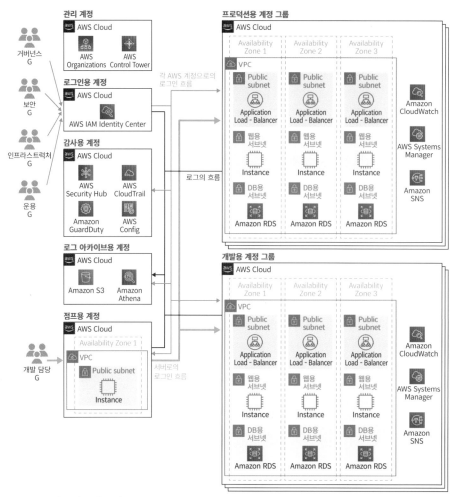

그림 6-5 실습 시스템 구성도

6.2 | AWS 계정 준비

이번 절에서는 AWS 계정 생성과 다중 계정 아키텍처의 초기 설정을 하는 방법을 알아보겠습니다. AWS Control Tower 활성화 등 멤버 계정의 배정, 각종 보안 서비스 활성화, 비용 알림의 구조를 구현합니다. 지면 관계상 각 AWS 계정의 VPC 설정이나 VPC 사이의 연결, EC2 인스턴스 설정은 설명하지 않습니다. 참고로 이번 과정은 AWS 비용이 발생할 수 있으니 주의하세요.

6.2.1 관리 계정 설정

●● 계정 신규 설정에서 로그인까지

AWS 홈페이지(https://aws.amazon.com/ko/)에 접속합니다. [AWS 계정 생성] 버튼을 클릭합니다.

그림 6-6 가입

루트 사용자가 되는 메일 주소, AWS 계정에서 사용할 명칭을 입력하고, [이메일 주소 확인] 버튼을 클릭합니다.

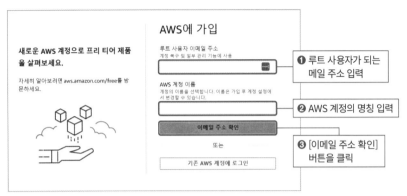

그림 6-7 AWS계정

등록한 메일 주소에 확인 코드가 기재된 메일이 도착합니다. 해당 확인 코드를 복사합니다. 이 코드는 10분 동안만 유효합니다.

그림 6-8 확인 코드

'확인 코드' 필드에 앞에서 복사한 확인 코드를 붙여넣기하거나 직접 입력합니다. 입력이
완료되면 [확인] 버튼을 클릭합니다.

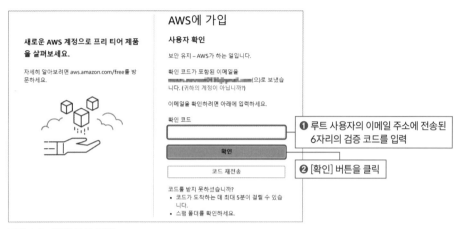

그림 6-9 확인 코드 입력

'이메일 주소가 확인되었습니다.' 메시지가 떴다면 루트 사용자 암호를 두 번 입력하고,
[계속] 버튼을 클릭합니다.

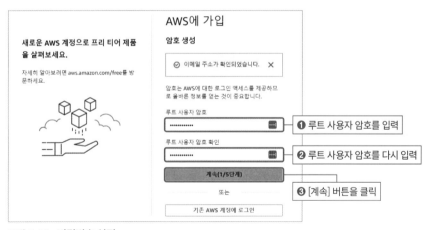

그림 6-10 비밀번호 설정

연락처 정보 입력 화면으로 이동합니다 사용 목적에 맞는 것을 선택한 뒤 필요한 정보를 입력합니다. **영문자 및 숫자로 입력해야 하는 것에 주의합니다.** 'AWS 이용 계약' 내용을 확인한 후 체크 박스에 체크를 하고 [계속] 버튼을 클릭합니다.

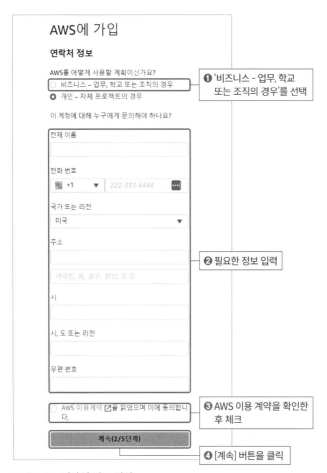

그림 6-11 연락처 정보 입력

신용카드 정보 입력 화면으로 이동합니다. 필요한 정보를 입력합니다. 청구지 주소는 연락처 정보에서 입력한 값이 미리 선택됩니다. 내용을 확인했다면 [확인 및 계속] 버튼을 클릭합니다.

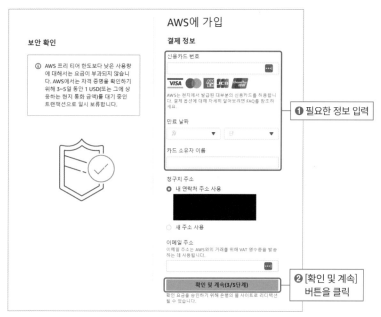

그림 6-12 신용카드 정보 입력

가입을 수행하기 위한 본인 확인 페이지로 이동합니다. SMS 메시지를 받을 수 있는 번호를 입력하고, 화면에 표시된 보안 코드를 입력하고, [SMS 전송] 버튼을 클릭합니다.

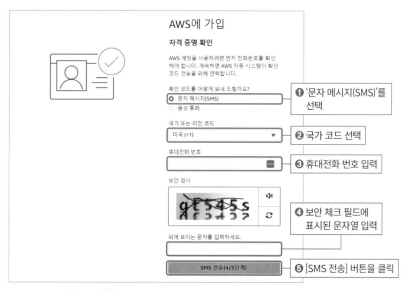

그림 6-13 자격 증명 확인

AWS에서 인증 코드를 기재한 SMS 메시지가 전송됩니다. 해당 코드를 화면에 입력하고 [계속] 버튼을 클릭합니다.

그림 6-14 인증 코드 입력

AWS Support 플랜 선택 화면으로 이동합니다. '기본 지원', '개발자 지원', '비즈니스 지원' 중 이용할 플랜을 선택하고 [가입 완료] 버튼을 클릭합니다. 그리고 AWS Support 플랜은 나중에 변경할 수 있습니다.

그림 6-15 Support 플랜 선택

무사히 가입이 완료된 것을 나타내는 화면이 표시됩니다. [AWS Management Console로 이동] 버튼을 클릭합니다.

그림 6-16 가입 완료 화면

로그인 화면으로 이동합니다. [루트 사용자]를 선택하고 '루트 사용자의 이메일 주소'를 입력한 후 [다음] 버튼을 클릭합니다.

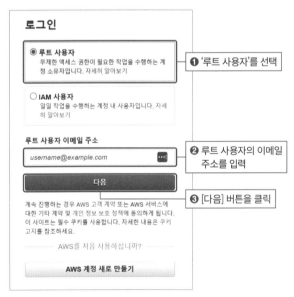

그림 6-17 로그인 방식 선택 화면

비밀번호 입력 화면으로 이동합니다. 루트 사용자의 비밀번호를 입력하고 [로그인] 버튼을 클릭합니다.

그림 6-18 비밀번호를 입력하고 로그인

AWS Management Console에 로그인을 완료했습니다.

그림 6-19 AWS Management Console에 로그인 완료

◖◗ 루트 사용자의 보안을 강화한다

이 상태로는 루트 사용자가 비밀번호만으로 인증할 수 있어 보안이 높지 않습니다. **MFA를 활성화해서 루트 사용자의 보안을 강화합니다.** 화면 우측 위에 있는 AWS 계정 이름을 클릭하고 [보안 자격 증명]을 클릭합니다.

그림 6-20 [보안 자격 증명] 메뉴

이동한 화면에서 [MFA 할당] 버튼을 클릭합니다.

그림 6-21 MFA 활성화

할당하는 MFA 기기의 유형을 선택하는 화면으로 이동합니다. 사용하는 환경에 맞게 MFA 디바이스를 선택합니다. 여기에서는 [Authenticator app(인증 애플리케이션)]을 선택했습니다.

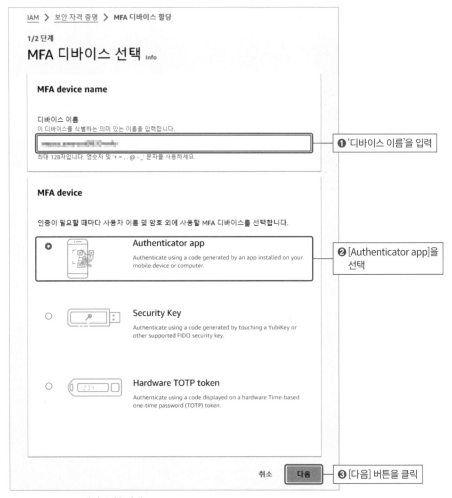

그림 6-22 MFA 기기 유형 선택

이용할 가상 MFA 애플리케이션에 따라 QR 코드 또는 시크릿 키를 애플리케이션에 등록합니다. 애플리케이션에 표시된 MFA 코드를 입력하고 MFA를 등록합니다.

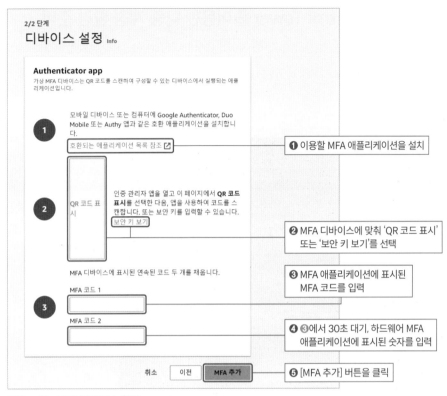

그림 6-23 MFA 디바이스 할당

MFA 디바이스가 할당 및 루트 사용자의 보안 강화를 완료했습니다.

그림 6-24 MFA 디바이스 할당 완료

6.2.2 AWS Control Tower를 이용한 다중 계정 환경 준비

다중 계정을 일원화하여 설정하기 위해 AWS Control Tower를 활성화합니다. AWS Management Console 상단에 있는 [서비스] 탭을 엽니다. [관리 및 거버넌스]에서 [Control Tower]를 선택합니다.

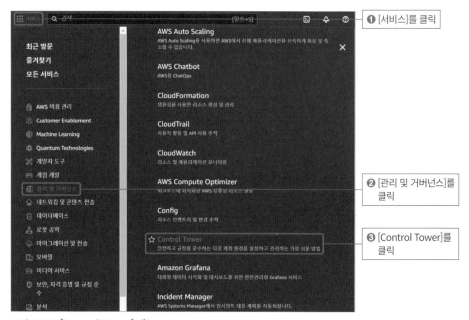

그림 6-25 [Control Tower] 메뉴

AWS Control Tower 대시보드로 이동합니다. [랜딩 존 설정] 버튼을 클릭합니다.

그림 6-26 AWS Control Tower 설정

홈 리전을 선택하고 리전 거부 설정을 활성화합니다. 추가한 AWS 리전이 필요하면 리전을 추가합니다.

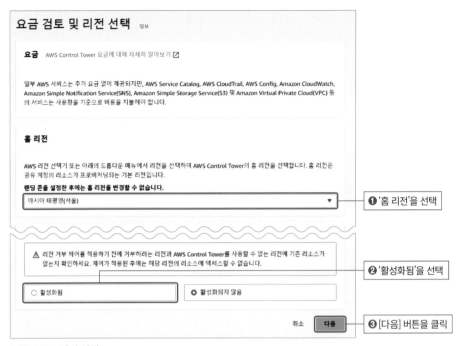

그림 6-27 리전 선택

워크로드 실행용으로 추가 조직 단위(OU)를 설정하는 설정을 수행합니다.

그림 6-28 조직 단위(OU) 구성

로그 아카이브용 AWS 계정과 감사용 AWS 계정을 설정하기 위해 각 메일 주소와
AWS 계정 이름을 입력합니다.

그림 6-29 로그 아카이브용 및 감사용 AWS 계정 설정

CloudTrail을 활성화하기 위해 선택하고, [다음] 버튼을 클릭합니다.

추가 구성

AWS 계정 액세스 구성 정보
AWS Control Tower에 등록된 AWS 계정에 대한 액세스를 관리하는 방법을 선택합니다. 나중에 변경할 수 있습니다.

● **AWS Control Tower는 IAM Identity Center를 통해 AWS 계정 액세스를 설정합니다.**
AWS를 얼마 전에 시작했거나 액세스 관리 구조가 AWS Control Tower 그룹 및 권한 세트 🔗와 호환되는 경우에 가장 적합합니다. 나중에 IAM Identity Center에서 외부 ID 제공업체(IdP)를 연결할 수 있습니다.

○ **IAM Identity Center 또는 다른 방법을 통한 자체관리형 AWS 계정 액세스**
AWS 계정 액세스를 관리하기 위한 사용자 지정 요구 사항이 있는 경우가 가장 좋습니다. AWS Control Tower는 계정 액세스를 관리하지 않습니다. IAM Identity Center 또는 다른 액세스 방법을 통해 구성해야 합니다.

AWS CloudTrail 구성 정보
AWS CloudTrail은 AWS Control Tower의 작업을 이벤트로 캡처합니다. 추적을 생성하면 CloudTrail 이벤트를 Amazon S3 버킷으로 지속적으로 전송할 수 있습니다.

조직 수준의 CloudTrail에서 AWS Control Tower는 모든 계정의 정보를 조직 추적으로 집계하고 로깅된 정보를 지정된 Amazon S3 버킷으로 전송합니다. 파일 경로에는 조직 ID가 접두사로 포함되어 있습니다.

⚠ 조직 수준 CloudTrails를 활성화하지 않으면 AWS Control Tower에서 AWS CloudTrail 로그를 관리하지 않습니다. 랜딩 존을 업데이트할 때 이 설정을 변경할 수 있습니다.

AWS Control Tower에서는 모든 조직 또는 계정이 AWS CloudTrail 로깅을 설정할 것을 강력히 권장합니다. AWS Control Tower에서 관리하지 않는 사용자 지정 추적을 생성하거나 Enabled(활성화됨)를 선택할 수 있습니다. 필수 탐지 제어는 등록된 계정이 CloudTrail 로깅을 활성화했는지를 탐지합니다. AWS CloudTrail에 대해 자세히 알아보기 🔗

● 활성화됨   ○ 활성화되지 않음

❶ '활성화됨'을 선택

Amazon S3에 대한 로그 구성 - *선택 사항* 정보
이 두 필드에 Amazon S3 로깅 버킷과 액세스 로깅 버킷의 수명 주기 보존 시간을 나타내는 숫자를 입력합니다. 두 버킷에 허용되는 최소 보존 시간은 1일입니다. 연도는 소수점 이하 두 자리까지 나타낼 수 있습니다. 일은 정수로 지정해야 합니다. 예를 들어 5일이나 1.02년은 허용되지만 1.34일은 허용되지 않습니다. 1.34년은 정수로 반올림합니다. 1년 미만의 기간(예: 0.02년)의 경우 일로 변환됩니다.

로깅을 위한 Amazon S3 버킷 보존

| Default: 1 |

1~15개의 정수와 소수점 이하 2자리까지 포함해야 합니다.

로깅 형식

| years ▼ |

액세스 로깅을 위한 Amazon S3 버킷 보존

| Default: 10 |

1~15개의 정수와 소수점 이하 2자리까지 포함해야 합니다.

액세스 로깅 형식

| years ▼ |

KMS 암호화 - *선택 사항* 정보

AWS Key Management Service(KMS)를 사용하면 AWS Control Tower에서 암호화 키를 생성 및 관리하고 리소스를 제어할 수 있습니다. 키를 선택하려면 확인란을 선택합니다. KMS 키에는 AWS CloudTrail 및 AWS Config에 대한 권한이 있어야 합니다. 다중 리전 키는 지원되지 않습니다. KMS에 대해 자세히 알아보기 🔗

☐ 암호화 설정 활성화 및 사용자 지정
암호화 설정을 비활성화하려면 이 확인란을 선택 취소합니다.

취소   이전   **다음**

❷ [다음] 버튼을 클릭

그림 6-30 AWS CloudTrail 활성화

최종 확인 화면으로 이동합니다. 내용을 확인하고 체크 박스에 체크한 후 [랜딩 존 설정]
버튼을 클릭합니다.

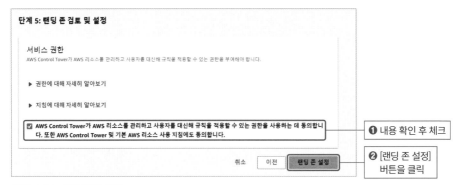

그림 6-31 최종 확인 화면

랜딩 존 설정이 시작됩니다.

그림 6-32 랜딩 존 설정 중 화면

한 시간 정도 지나면 랜딩 존 설정이 완료됩니다.

그림 6-33 랜딩 존 설정 완료 화면

6.2.3 사용자에게 MFA 디바이스 이용을 강제한다

계속해서 AWS Management Console을 이용하는 사용자에게 **MFA 디바이스 이용을 강제하도록 설정**합니다. AWS Management Console 상단에 있는 [서비스] 탭을 엽니다. [보안, 자격 증명 및 규정 준수]➡[IAM Identity Center]를 선택합니다.

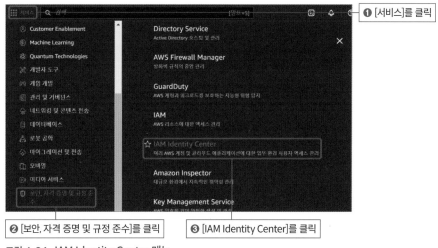

그림 6-34 IAM Identity Center 메뉴

[설정]➡[인증]을 클릭하고 '멀티 팩터 인증' 필드의 [구성] 버튼을 클릭합니다.

그림 6-35 멀티 팩터 인증(MFA) 강제 설정

MFA를 설정합니다. 이번에는 사용자에게 MFA 디바이스 등록을 요구하고, 로그인 컨텍스트가 보통과 다를 때 MFA 프롬프트를 표시하도록 설정합니다. 실제로는 준수해야 할 보안 요건에 맞춰 선택합니다.

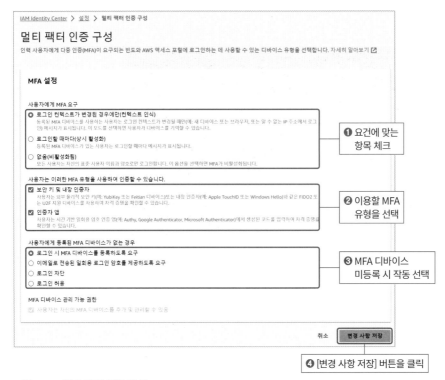

그림 6-36 멀티 팩터 인증 구성

MFA 설정이 활성화된 것을 확인합니다.

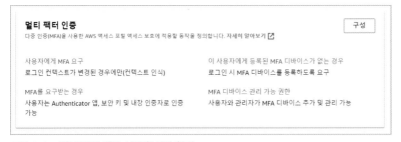

그림 6-37 멀티 팩터 인증 설정 활성화 확인

6.2.4 사용자 등록

계속해서 AWS Management Console을 이용할 사용자를 등록합니다. 다음 4단계로
진행합니다.

① 사용자가 포함될 그룹을 설정합니다.
② 사용자를 만들고 그룹에 포함시킵니다.
③ 사용자 또는 그룹에 할당할 권한인 '권한 세트'를 설정합니다.
④ AWS 계정에 그룹과 권한 세트를 프로비저닝(설정)합니다.

이상으로 사용자는 AWS 계정에 로그인해서 조작을 수행할 수 있게 됩니다.

⬤⬤ 사용자가 포함될 그룹 설정

IAM Identity Center 화면 좌측 영역에서 [그룹]을 선택합니다. [그룹 생성] 버튼을 클릭
합니다.

그림 6-38 그룹 생성 ①

'그룹 이름' 필드에 그룹 이름을 입력합니다. 사용자를 등록할 수도 있지만 아직 사용자를 설정하지 않았으므로 선택하지 않은 상태로 [그룹 생성] 버튼을 클릭합니다.

그림 6-39 그룹 생성 ②

입력한 그룹 이름으로 그룹이 생성된 것을 확인합니다.

그림 6-40 생성한 그룹 확인

그룹에 등록할 사용자 생성

그룹에 등록할 사용자를 생성합니다. IAM Identity Center 화면 좌측 영역에서 [사용자]를 선택합니다. [사용자 추가] 버튼을 클릭합니다.

그림 6-41 사용자 추가

'기본 정보'의 이름 필드에 사용자 이름과 이메일 주소 등의 사용자 정보를 입력합니다. '이메일 주소' 이후의 필드는 임의의 값이므로 여기에서는 설명하지 않습니다. [다음] 버튼을 클릭합니다.

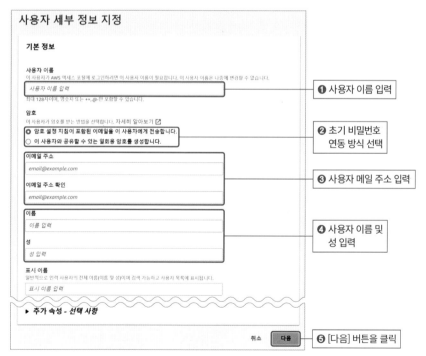

그림 6-42 사용자 정보 입력

앞에서 설정한 그룹 중 사용자를 포함할 그룹에 체크합니다. [다음] 버튼을 클릭합니다.

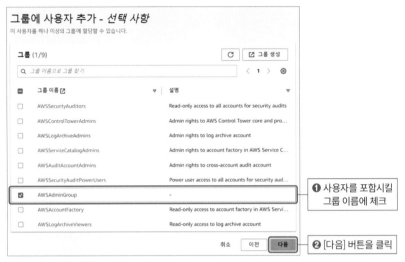

그림 6-43 사용자를 그룹에 추가

사용자 정보에 오류가 없는지 확인한 후 [사용자 추가] 버튼을 클릭합니다.

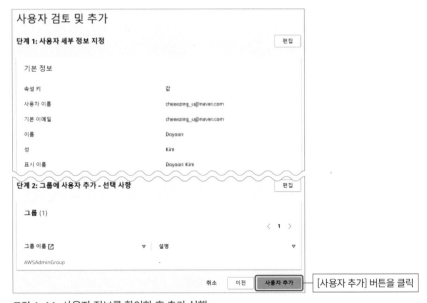

그림 6-44 사용자 정보를 확인한 후 추가 실행

등록한 사용자가 설정된 것을 확인합니다.

그림 6-45 설정한 사용자를 확인

◖● 그룹에 할당할 권한 세트 설정

그룹에 할당할 권한 세트를 설정합니다. 사전에 AWS에서 설정 완료된 권한 세트는 권한이 강한 것이 많으므로 여기에서는 청구 관련 권한만 가진 권한 세트를 설정합니다. IAM Identity Center 화면 좌측 영역에서 [권한 세트]를 선택합니다. [권한 세트 생성] 버튼을 클릭합니다.

그림 6-46 권한 세트 생성

권한 세트 유형은 [사전 정의된 권한 세트]를 선택합니다. 사전 정의된 권한 세트 정책에서 [Billing]을 찾아서 선택합니다. [다음] 버튼을 클릭합니다.

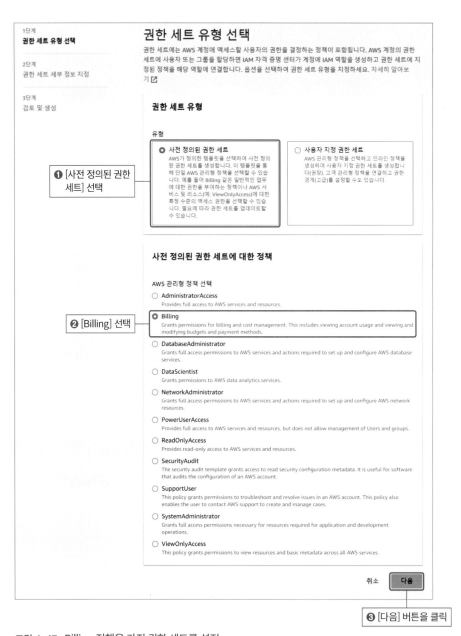

그림 6-47 Billing 정책을 가진 권한 세트를 설정

'권한 세트 이름'을 입력하고 [다음] 버튼을 클릭합니다.

그림 6-48 권한 세트명을 입력

내용을 확인한 후 [생성] 버튼을 클릭합니다.

그림 6-49 권한 세트의 내용을 확인하고 설정

설정한 권한 세트가 존재하는 것을 확인합니다.

그림 6-50 설정한 권한 세트 확인

⬤⬤ 그룹에 AWS 계정에 대한 권한 할당

마지막으로 그룹에 대해 AWS 계정에 대한 권한을 할당합니다. 여기에서는 관리 계정
에 대해 'AWSAdministratorAccess(AWS에서 사전에 설정 완료)'와 'Billing(그림 6-46~
그림 6-50에서 설정 완료)'의 두 가지 권한 세트와 그룹(그림 6-38~그림 6-40에서 설정 완
료)을 할당합니다.

IAM Identity Center 화면 좌측 영역에서 [AWS 계정]을 선택합니다. AWS Organiza
tions의 조직 구성이 표시되므로 접근 권한을 할당할 AWS 계정을 찾아서 체크합니다.
[사용자 또는 그룹을 할당] 버튼을 클릭합니다.

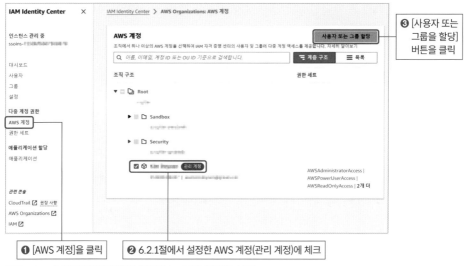

① [AWS 계정]을 클릭 　　**②** 6.2.1절에서 설정한 AWS 계정(관리 계정)에 체크

그림 6-51 그룹에 접근 권한을 할당하는 AWS 계정을 선택

[그룹] 탭을 클릭하고 앞에서 설정한 그룹에 체크합니다. [다음] 버튼을 클릭합니다.

그림 6-52 그룹 선택

계속해서 권한 세트를 할당합니다. 앞서 설정한 권한 세트 및 사전에 AWS에 설정된 권한 세트인 [AWSAdministratorAccess]까지 두 개를 체크합니다. [다음] 버튼을 클릭합니다.

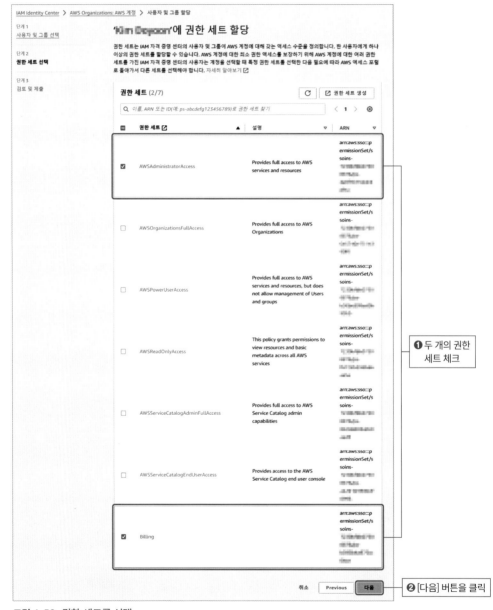

그림 6-53 권한 세트를 선택

할당 내용을 확인합니다. 문제가 없으면 [제출] 버튼을 클릭합니다.

그림 6-54 할당을 확인하고 실행

⬤ 사용자 초기 설정

마지막으로 사용자 초기 설정을 수행합니다. 사용자 설정 시 등록한 이메일 주소로 IAM Identity Center에서 초대 메일이 전송됩니다. [Accept invitation]을 클릭합니다.

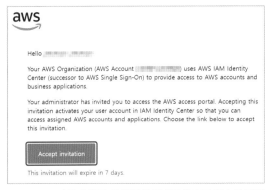

그림 6-55 사용자 설정 시 등록한 이메일 주소로 전송된 메일

새로운 비밀번호를 입력합니다. [새 암호 설정] 버튼을 클릭합니다.

그림 6-56 신규 사용자의 가입

비밀번호를 입력하고 [로그인] 버튼을 클릭합니다.

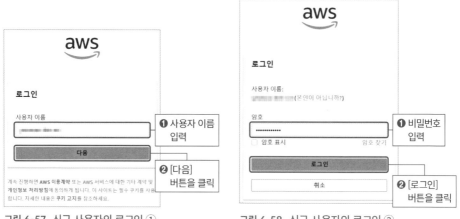

그림 6-57 신규 사용자의 로그인 ①　　　　　그림 6-58 신규 사용자의 로그인 ②

인증에 성공하면 AWS 접근 포털 화면이 표시됩니다. MFA 디바이스를 등록하기 위해 우측 위의 [MFA devices]를 클릭합니다.

그림 6-59 로그인한 화면

MFA 디바이스 목록 화면으로 이동합니다. [Register device] 버튼을 클릭합니다.

그림 6-60 MFA 디바이스 목록 화면

이용할 MFA 디바이스의 유형을 선택하고 [Next] 버튼을 클릭합니다. 이번 실습에서는
'인증 앱'을 선택했습니다.

그림 6-61 이용할 MFA 디바이스의 유형을 선택

안내에 따라 MFA 디바이스를 등록합니다.

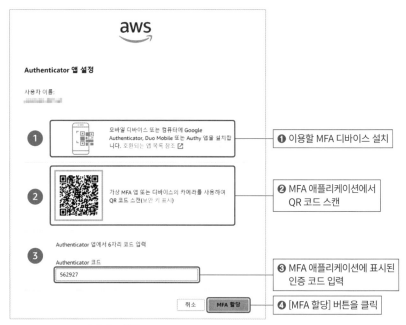

그림 6-62 MFA 디바이스 등록

MFA 디바이스(여기에서는 '인증 앱')이 등록된 것을 확인한 후 [완료] 버튼을 클릭합니다.

그림 6-63 MFA 디바이스가 등록된 것을 확인

MFA 디바이스 목록 화면을 보면 MFA 디바이스가 추가된 것을 확인할 수 있습니다.

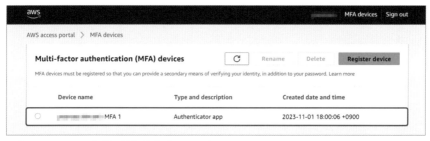

그림 6-64 MFA 디바이스 목록에 추가

드디어 AWS 계정에 로그인합니다. AWS 계정 포털 화면에서 [AWS Account]를 클릭합니다. 로그인할 AWS 계정을 클릭하면 권한 세트가 표시됩니다. 대상 권한 세트의 [Management console]을 클릭합니다.

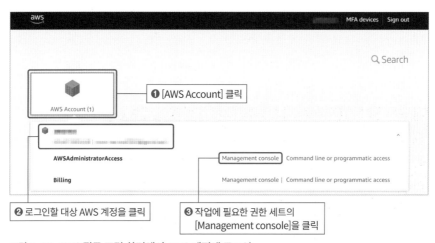

그림 6-65 AWS 접근 포털 화면에서 AWS 계정에 로그인

AWS Management Console에 로그인할 수 있습니다. 이후의 작업은 특별히 지정하지 않는 한, 'AWSAdministratorAccess' 권한 세트로 로그인한 것으로 가정합니다.

그림 6-66 AWS Management Console에 로그인 완료

6.2.5 AWS Control Tower를 이용한 멤버 계정 설정

Control Tower를 이용해 멤버 계정을 추가합니다. AWS Management Console 상단에 있는 [서비스] 탭을 엽니다. [관리 및 거버넌스]➡[Control Tower]를 선택합니다.

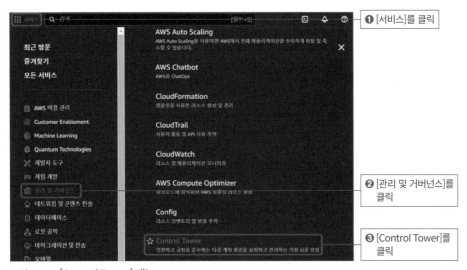

그림 6-67 [Control Tower] 메뉴

[조직]➡[리소스 생성] 버튼을 선택합니다. 열려진 항목에서 [조직 단위 생성]을 클릭합니다.

그림 6-68 조직 단위(OU) 선택

'OU 이름' 필드에 OU명을 입력하고 '상위 OU' 필드에서 상단의 OU를 선택하고 [추가] 버튼을 클릭합니다. 이번 실습에서는 루트 계정 아래 OU를 설정하므로 부모OU에 'Root'를 선택했습니다.

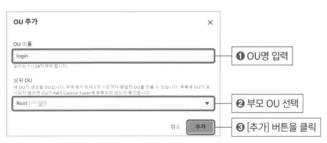

그림 6-69 OU 추가

설정한 OU를 확인합니다. 이번 실습에서는 Root 하단에 'login'이라는 OU가 생성됐습니다.

그림 6-70 설정한 OU 확인

계속해서 멤버 계정을 추가합니다. Control Tower 대시보드 화면 좌측 영역에서 [조직]을 클릭합니다. [리소스 생성]➡[계정 생성]을 클릭합니다.

그림 6-71 멤버 계정 설정

메일 주소 등의 필요 정보를 입력합니다. 이번 실습에서는 앞에서 설정한 login이라는 OU에 멤버 계정을 포함시키는 경우를 가정합니다. 입력 정보를 확인한 후 [계정 생성] 버튼을 클릭합니다.

그림 6-72 멤버 계정 정보 입력

잠시 기다린 뒤 지정한 OU 하단에 멤버 계정이 생성된 것을 확인합니다.

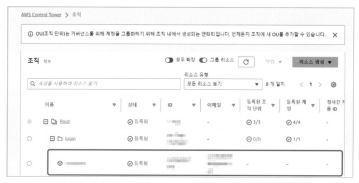

그림 6-73 설정한 멤버 계정 확인

6.2.6 AWS IAM Identity Center 관리 권한을 로그인용 계정에 위임하기

계속해서 IAM Identity Center 관리 권한을 로그인용 계정에 위임합니다. AWS Management Console 상단에 있는 [서비스] 탭을 엽니다. [보안, 자격 증명 및 규정 준수]➡[IAM Identity Center]를 선택합니다.

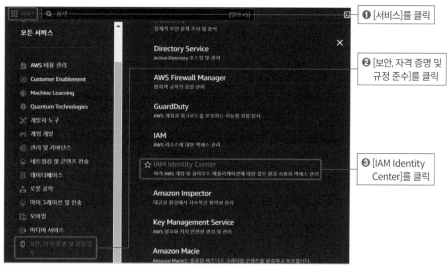

그림 6-74 [IAM Identity Center] 메뉴

IAM Identity Center 화면 좌측 영역에서 [설정]을 클릭합니다. [관리] ➡ [계정 등록]
버튼을 클릭합니다.

그림 6-75 IAM Identity Center 관리 위임

AWS Organization 화면이 표시되고 조직에 포함된 AWS 계정 목록을 확인할 수 있습
니다. OU를 열고 로그인용 AWS 계정에 체크합니다. [계정 등록] 버튼을 클릭합니다.

그림 6-76 위임 대상 계정 선택

'위임된 관리자'에 선택한 AWS 계정이 등록된 것을 확인합니다. 이것으로 관리 위임은 완료됩니다.

그림 6-77 관리 위임 완료

6.2.7 예산 설정

AWS는 종량 과금제이므로 사용한 만큼만 비용이 청구됩니다. 그렇기 때문에 **EC2 인 스턴스를 중지시키는 것을 잊거나 서비스 설정을 잘못한 결과 고액의 비용이 청구되는** 사례도 자주 발생합니다. 미연에 이를 방지하기 위해서는 예산을 설정하고, 이용료가 임곗값을 넘으면 메일 등으로 알리도록 하는 것이 좋습니다. 이번 실습에서는 **예측 비 용이 임곗값의 90%에 도달하면 경고 메일을 전송**하도록 설정합니다.

표 6-1 이번 실습에서의 예산 설정

항목	설정값
예산액(월)	$10,000
임곗값	90%
알람 알림 트리거	예측 비용이 임곗값을 넘었을 때
알림 방법	이메일

청구 정보 자체는 기본적으로 IAM 사용자나 IAM 역할로부터의 접근을 거부하고 있으므로 설정을 변경해야 합니다. 따라서 관리 계정에 루트 사용자(AWS 계정 설정 시 등록한 메일 주소와 비밀번호, MFA 디바이스를 사용한 일회용 비밀번호)로 로그인합니다.

화면 우측의 AWS 계정 ID를 클릭한 후 **[계정]**을 클릭합니다.

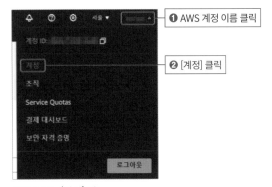

그림 6-78 '계정' 메뉴

이동한 화면에서 아래로 스크롤합니다. '결제 정보에 대한 IAM 사용자 및 역할 액세스' 항목이 있습니다. 항목 우측의 **[편집]**을 클릭합니다.

그림 6-79 결제 정보에 대한 IAM 사용자 및 역할 액세스

다음 단계에서 'IAM 액세스 활성화'를 체크합니다. 체크를 했다면 하단에 있는 **[업데이트]** 버튼을 클릭합니다.

그림 6-80 IAM 액세스 활성화

'결제 정보에 대한 IAM 사용자 및 역할 액세스'에서 결제 정보로 접근이 활성화된 것을 확인합니다. 루트 사용자를 통한 작업은 이것으로 완료이므로 로그아웃합니다. 6.2.4절에서 설정한 사용자로 청구 정보에 접근할 수 있으므로 6.2.4절에서 설정한 사용자로 로그인하고, 예산을 설정합니다. 'AWSAdministratorAccess'와 'Billing' 모두 가능합니다.

그림 6-81 활성화된 것을 확인

AWS Management Console 오른쪽 위의 사용자 이름을 클릭합니다. '계정', '조직', 'Service Quotas', '결제 대시보드'의 네 가지 메뉴 중에서 **[결제 대시보드]**를 선택합니다.

그림 6-82 결제 대시보드 메뉴

[예산]을 클릭하면 예산 개요가 표시됩니다. [예산 생성] 버튼을 클릭합니다.

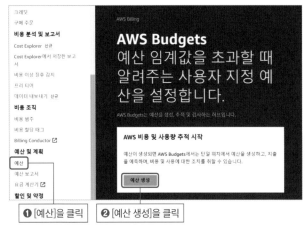

그림 6-83 예산 생성

예산 유형을 선택하는 화면으로 이동합니다. 여기에서는 기본값으로 선택된 [비용 예산 - 권장]을 수행할 것이므로 설정은 그대로 두고 [다음] 버튼을 클릭합니다.

그림 6-84 예산 유형 선택

예산 설정 방법 화면으로 이동합니다. '세부 정보' 필드에는 예산 이름, '예산 금액 설정'의 각 필드에는 매개변수 선택과 예산 금액을 입력합니다.

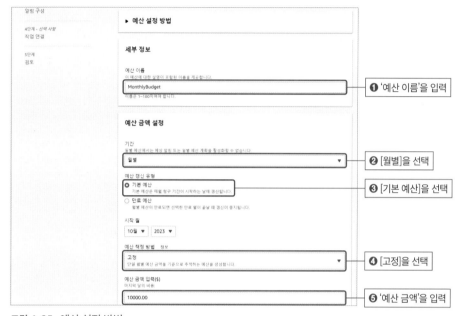

그림 6-85 예산 설정 방법

'예산 범위'의 각 필드는 기본값인 상태로 진행합니다.

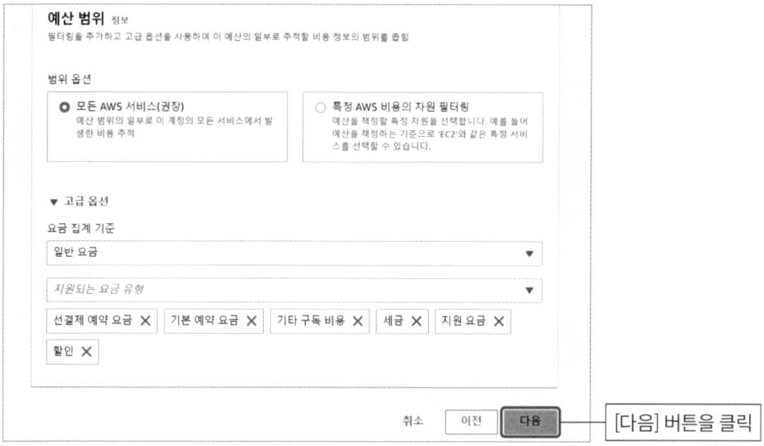

그림 6-86 예산 범위

계속해서 알림을 설정합니다. '알림 구성' 필드에서 하단에 있는 **[알림 임계값 추가]** 버튼을 클릭합니다.

그림 6-87 알림 구성 ①

'알림 임계값 설정' 필드가 열립니다. 임겟값을 입력하고 매개변수를 설정합니다. '이메일 수신자'에 알림 메일을 전송할 수신자의 메일 주소를 입력합니다.

그림 6-88 알림 설정 ②

입력을 완료한 후 [다음] 버튼을 클릭하면 입력 내용 확인 화면으로 이동합니다. 내용에 문제가 없다면 [예산 생성] 버튼을 클릭합니다.

그림 6-89 입력 내용을 확인한 후 예산 설정

설정한 예산이 등록된 것을 확인합니다.

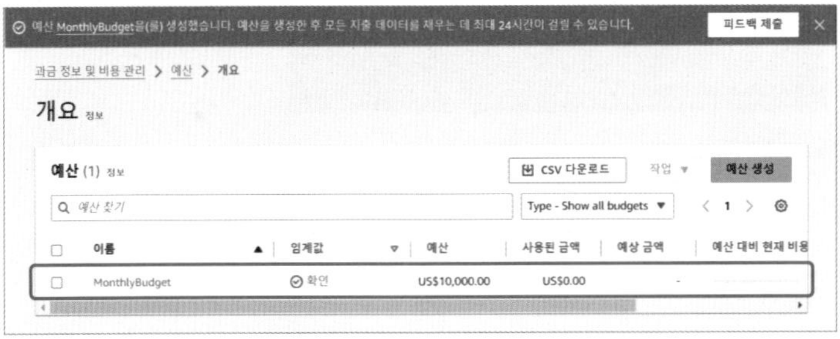

그림 6-90 설정한 예산이 등록된 것을 확인

6.2.8 AWS Security Hub 활성화

계속해서 AWS 환경이 보안 리스크를 특정하고, 모범 사례를 따르고 있는가를 시각화할 수 있는 서비스인 Security Hub를 설정합니다.

◖◗ 감사용 계정의 계정 ID 확인

Security Hub의 관리자는 감사용 계정에 위임할 것이므로 사전에 감사용 계정의 계정 ID를 확인합니다. AWS Management Console 상단에 있는 [서비스] 탭을 엽니다. [관리 및 거버넌스]➡[Control Tower]를 선택합니다.

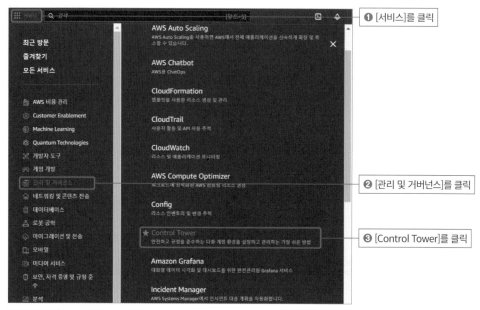

그림 6-91 'Control Tower' 메뉴

[공유 계정] ➡ [감사]를 클릭합니다. '감사' 필드의 '세부 정보'에 있는 [감사 계정] 링크를 클릭합니다.

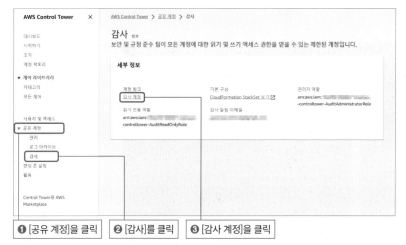

그림 6-92 감사 계정의 계정 ID 확인 ①

계정 세부 정보 화면으로 이동합니다. '계정 ID' 항목이 있습니다. 해당 계정 ID를 따로 메모합니다.

그림 6-93 감사용 계정의 계정 ID 확인 ②

●● Security Hub 활성화

이제 Security Hub를 활성화합니다. AWS Management Console 상단에 있는 [서비스]
탭을 엽니다. [보안, 자격 증명 및 규정 준수]➡[Security Hub]를 선택합니다.

그림 6-94 [Security Hub] 메뉴

[Security Hub로 이동] 버튼을 클릭합니다.

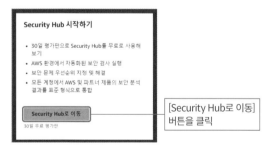

그림 6-95 Security Hub 시작하기

요건에 따라 보안 체크에서 준수해야 할 '보안 표준'을 체크합니다. [Security Hub 활성화] 버튼 하단에 있는 '위임된 관리자 계정 ID' 필드에 앞서 메모했던 감사용 계정의 계정 ID를 입력하고 [위임] 버튼을 클릭합니다.

그림 6-96 Security Hub 관리 위임

성공적으로 관리를 위임한 것을 확인한 후 [Security Hub 활성화] 버튼을 클릭합니다.

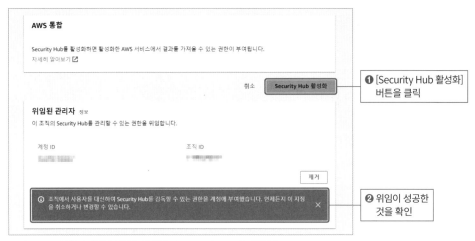

그림 6-97 위임이 성공한 것을 확인한 후 Security Hub 활성화

보안 스캔에는 다소 시간이 걸립니다. 이것으로 Security Hub 활성화를 완료했습니다.

그림 6-98 보안 스캔 후 Security Hub 활성화 완료

6.2.9 Amazon GuardDuty 활성화

다음으로 GuardDuty를 활성화합니다. AWS Management Console 상단에 있는 [서비스] 탭을 엽니다. [보안, 자격 증명 및 규정 준수] ➡ [GuardDuty]를 선택합니다.

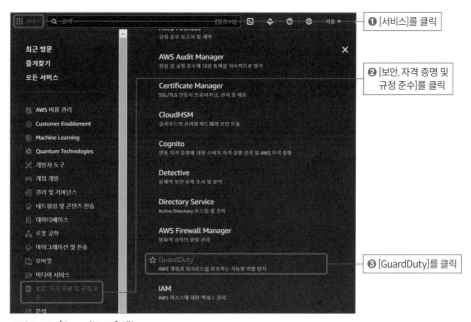

그림 6-99 [GuardDuty] 메뉴

[시작하기] 버튼을 클릭합니다.

그림 6-100 GuardDuty 사용 시작

'GuardDuty 활성화' 필드의 [GuardDuty 활성화] 버튼 하단에 '위임된 관리자' 필드가 있습니다. '위임된 관리자 계정 ID' 필드에 앞에서 메모한 감사용 계정의 계정 ID를 입력하고, [위임] 버튼을 클릭합니다.

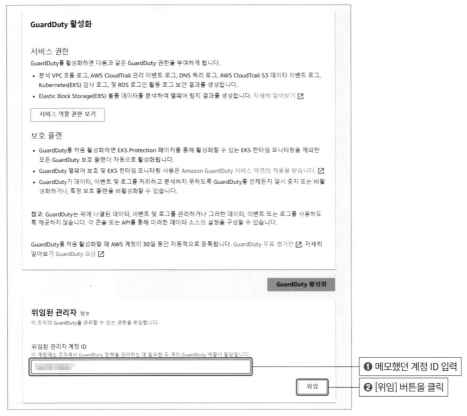

그림 6-101 GuardDuty 관리 위임

'위임된 관리자' 필드에서 관리 권한 위임이 성공한 것을 확인합니다. 관리 권한이 위임되었다면 '권한' 토글 버튼을 On으로 합니다. 이제 '위임된 관리자' 필드 상단에 있는 [GuardDuty 활성화] 버튼을 클릭합니다.

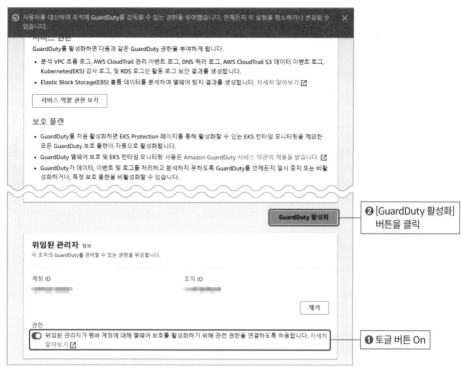

그림 6-102 위임이 성공한 것을 확인한 후 GuardDuty 활성화

활성화가 완료되면 보안 리스크 검출 결과가 표시됩니다. 리스크가 높은 것이 있다면 빠르게 대처합시다.

그림 6-103 보안 리스크 검출 결과

6.2.10 멤버 계정의 Security Hub와 GuardDuty 활성화

마지막으로 Security Hub와 GuardDuty 관리 권한을 위임한 AWS 계정을 사용해 다른 멤버 계정을 관리합니다. 이를 위해서는 AWS 접근 포털에서 감사용 AWS 계정으로 로그인해야 합니다. 전환을 위해서는 먼저 감사용 AWS 계정(이번 실습에서는 Security OU 아래의 Audit)으로 대상을 변경하고, 6.2.4절 '사용자 등록'의 '그룹에 AWS 계정에 대한 권한 할당' 순서를 따라 실행합니다. AWS 접근 포털에서 감사용 AWS 계정을 클릭해서 열고, 'AWSAdministratorAccess' 권한 세트의 [Management console]을 클릭하면 감사용 AWS 계정으로 로그인할 수 있습니다.

◗◗ AWS Management Console에 로그인한 후의 작업

AWS Management Console 상단에 있는 [서비스] 탭을 엽니다. [보안, 자격 증명 및 규정 준수]➡[Security Hub]를 선택합니다. Security Hub의 대시보드 화면의 좌측 영역에서 [설정]➡[구성]을 클릭합니다. Accounts에서 Security Hub를 활성화할 사용자를 선택합니다. 오른쪽 [Actions]➡[Add member]를 선택합니다.

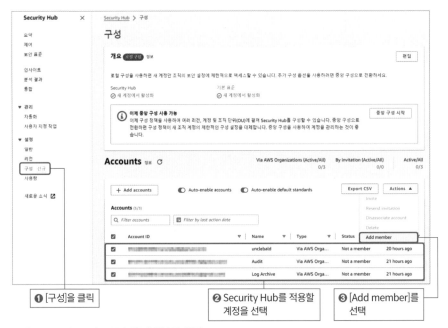

그림 6-104 Security Hub의 대시보드 화면

확인 메시지가 나타나면 [Add member]를 클릭합니다.

그림 6-105 Security Hub 활성화

잠시 기다리면 AWS Organizations에 포함된 멤버 계정의 Security Hub 활성화가 완료됩니다.

그림 6-106 Security Hub 활성화 완료

마찬가지로 GuardDuty도 위임된 AWS 계정으로부터 다른 멤버 계정의 설정을 활성화합니다.

AWS Management Console 상단에 있는 [서비스] 탭을 엽니다. [보안, 자격 증명 및 규정 준수]➡[GuardDuty]를 선택합니다. GuardDuty의 대시보드 화면에서 [계정]➡[활성화] 버튼을 클릭합니다.

그림 6-107 GuardDuty 대시보드 화면

확인 화면이 나타납니다. [활성화] 버튼을 클릭합니다.

그림 6-108 GuardDuty 활성화

잠시 기다리면 AWS Organizations에 포함된 멤버 계정의 GuardDuty 활성화가 완료됩니다. 이것으로 GuardDuty 설정을 완료했습니다.

그림 6-109 GuardDuty 활성화 완료

CHAPTER

7

클라우드 시스템을
안정적으로 지속시키는 방법

이번 장에서는 클라우드에서 구축한 시스템을 안정적으로 지속시키기 위해 온프레미스에서 쌓은 경험을 계속 이용할 수 있는 부분과 클라우드 특유의 노하우에 관해 각각 설명하겠습니다.

7.1 | 클라우드와 온프레미스의 공통점

클라우드라 하더라도 내부적으로는 물리적인 네트워크 기기나 서버가 존재합니다. 그렇기 때문에 물리 기기의 고장이나 폐기에 따라 이용자가 작동시키고 있는 가상머신이 정지하는 경우가 있습니다. 그리고 가상머신이라 말하면 OS나 엔터프라이즈 애플리케이션에는 EOL(유지보수 기간 종료)end-of-life이 있으므로, EOL 전에 업그레이드하지 않으면 안 되는 것은 클라우드나 온프레미스나 마찬가지입니다. 이번 절에서는 클라우드와 온프레미스의 공통점에 관해 설명합니다.

7.1.1 물리 기기의 고장

클라우드라 하더라도 내부적으로는 **물리 기기**가 가동하며, 가상화 기술을 통해 이용자는 물리 기기를 의식하지 않고 가상머신이나 각종 서비스를 활용합니다. 그렇기 때문에 **물리 기기의 폐기나 고장의 영향을 받은 경우가 종종 있습니다.** 예를 들어 물리 기기의 Retire를 AWS에서 판단했을 때, 그 기기에서 가상머신(EC2 인스턴스)이 기동하고 있으면, 인스턴스를 다른 기기로 이동하기 위해 재기동하도록 사전에 안내 메일이 전달됩니다(그림 7-1). 이 메일을 수신했다면 지정된 기한까지 인스턴스를 재기동할 수 있도록 시스템 유지보수 일정을 조정하고, 서비스에 영향이 발생하지 않도록 혹은 최소화할 수 있도록 해야 합니다. **만일 기한까지 인스턴스를 재기동하지 않으면 며칠 뒤에 강제적으로 정지됩니다.**

그리고 EC2 인스턴스를 작동시키고 있는 물리 기기에 고장이 발생하기도 합니다. **EC2는 기본적으로 자동 복구가 활성화**(참고 7-1)돼 있지만, 재기동에 따라 데이터나 처리에 피해를 입지 않는 구조를 구현해둘 필요가 있습니다. 구체적으로는 인스턴스 재기동으로 실시하지 못했던 처리는 재시도하는 구조를 넣어두고, 데이터는 인스턴슨 각각에서 개별적으로 저장하는 것이 아니라 공유 스토리지 서비스 등에 저장시키는 등 Design For Failure의 사고방식에 기반해서 구현합니다. Design For Failure라는 용어는 장애에 대한 내성을 고려해 설계/구현하는 것으로 온프레미스에서 엔터프라이즈 시스템을 구현하는 경우와 마찬가지입니다.

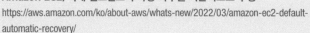

Hello,

EC2 has detected degradation of the underlying hardware hosting your Amazon EC2 instance (instance-ID:███████████) associated with your AWS account (AWS Account ID:███████████) in the ap-northeast-1 region. Due to this degradation your instance could already be unreachable. We will stop your instance after 2020-03-23.

You can find more information about maintenance events scheduled for your EC2 instances in the AWS Management Console (https://console.aws.amazon.com/ec2/v2/home?region=ap-northeast-1#Events)

* What will happen to my instance?
Your instance will be stopped after the specified retirement date. You can start it again at any time after it's stopped. Any data on local instance-store volumes will be lost when the instance is stopped or terminated.

If you have any questions or concerns, you can contact the AWS Support Team on the community forums and via AWS Premium Support at: (http://aws.amazon.com/support)

그림 7-1 하드웨어 폐기에 따른 EC2 인스턴스 재기동 요청 메일

참고 7-1 **Amazon EC2, 이제 인스턴스의 자동 복구를 기본적으로 수행**
https://aws.amazon.com/ko/about-aws/whats-new/2022/03/amazon-ec2-default-automatic-recovery/

7.2 | 클라우드만의 특징

클라우드에서는 신규 서비스나 기능이 추가되거나 사양이 변경되는 등 환경이 자주 변화합니다. 이것은 장점인 동시에 단점이기도 합니다. 그리고 AWS 장애 발생 시 대응이나 AWS Support의 존재 등 온프레미스와는 다른 사고방식이 있습니다. 이번 절에서는 클라우드만의 특징을 살펴봅시다.

7.2.1 서비스 사양 변경

시스템 운용 중 발생하는 이벤트에서 클라우드만의 특징을 설명합니다. 온프레미스 시스템의 경우 릴리스 후에는 구성을 변경하지 않거나 버전 업데이트를 가능한 수행하지 않는 시스템들이 있습니다. 개발 계약과 유지보수 계약에서는 범위가 다르기 때문에 '긁어 부스럼 만들지 말라'는 식의 운영이 되기 십상입니다. 하지만 클라우드에서는 절대로 이런 상태로 내버려둘 수 없는 이유가 있습니다. 그것은 바로 **AWS에 의한 서비스 변경이나 종료**입니다.

AWS의 서비스 변경은 보안 대책 향상이나 오래된 런타임을 사용할 수 없게 되는 등의 이유로 수행됩니다. 예를 들어 매니지드 서비스인 AWS Directory Service에서는 Zerologin이라는 취약성에 대응하기 위해 서비스 사양이 변경됐습니다(그림 7-2). 그리고 AWS의 S3나 CloudFront가 이용하는 TLS 인증서를 발행하는 인증 기관이 변경돼, 애플리케이션이 지속적으로 이용가능한 것을 확인하기 위해 이용자에게 알림이 발송됐습니다(그림 7-3). 또한 AWS Lambda에서는 다양한 언어의 여러 버전을 이용할 수 있지만, **각 언어의 지원이 종료된 버전은 마찬가지로 AWS Lambda의 지원도 종료됩니다**(그림 7-4). 이런 서비스 변경이 발생할 때는 충분히 긴 시간이 마련되므로, 사양 변경 대응이나 버전 업그레이드에 의한 영향을 조사/검증할 시간은 충분히 확보할 수 있습니다.

그리고 AWS 서비스는 변경은 물론 기능이 추가되거나 가격이 낮아지는 경우도 있습니다. 예를 들어 Amazon Aurora Serverless에는 새로운 버전 v2가 릴리스 됐고(참고 7-2), Amazon GuardDuty에 멀웨어 대책 기능이 추가됐으며(참고 7-3), AWS Lambda의 가격 체계가 변경돼 최대 20%의 비용 절감이 가능해졌습니다(참고 7-4). 이런 AWS의 서비스 업데이트를 캐치하고 AWS에서 이미 작동하고 있는 시스템에 적용하면서 운용 효율이나 비용 개선을 기대할 수 있습니다.

Hello,

Your AWS Directory Service for Microsoft Active Directory (AWS Managed Microsoft AD) instance has received Microsoft security patches to mitigate Microsoft's Netlogon Elevation of Privilege Vulnerability (a.k.a. "Zerologon") documented in CVE-2020-1472 [1] following part one of Microsoft's multi-phased release plan. We intend to follow part two of Microsoft's plan (currently scheduled for Q1 2021), and deploy configuration in AWS Managed Microsoft AD to enforce secure channel communications between clients and domain controllers. This will require action from you to ensure minimal disruption to your environment.

Affected Instance(s) :
▉▉▉▉▉▉▉▉▉▉▉

그림 7-2 AWS Directory Service의 Zerologon 취약성 대응 알림

Hello,

You are receiving this message because your account has been identified as having used Amazon Simple Storage Service (S3) and/or Amazon CloudFront within the past 6 months. This message is a reminder of the upcoming migration of both services'
default certificates to Amazon Trust Services, which will begin March 23, 2021. To prepare for this migration, we recommend that you confirm that your applications trust Amazon Trust Services as a Certificate Authority. If your client trust store does not trust the Certificate Authority, it will report the TLS certificate as "untrusted" and may close the connection.

그림 7-3 AWS 서비스가 이용하는 인증 기관 변경 알림

Hello,

We are contacting you as we have identified that your AWS Account currently has one or more Lambda functions using Node.js 12 runtime.

We are ending support for Node.js 12 in AWS Lambda. This follows Node.js 12 End-Of-Life (EOL) reached on April 30, 2022 [1].

As described in the Lambda runtime support policy [2], end of support for language runtimes in Lambda happens in two stages. Starting November 14, 2022, Lambda will no longer apply security patches and other updates to the Node.js 12 runtime used by Lambda functions, and functions using Node.js 12 will no longer be eligible for technical support. In addition, you will no longer be able to create new Lambda functions using the Node.js 12 runtime. Starting December 14, 2022, you will no longer be able to update existing functions using the Node.js 12 runtime.

그림 7-4 AWS Lambda의 런타임 종료 알림

참고 7-2 **Amazon Aurora Serverless v2, 정식 출시**
https://aws.amazon.com/ko/about-aws/whats-new/2022/04/amazon-aurora-
serverless-v2/

참고 7-3 **이제 Amazon GuardDuty의 기능으로 멀웨어 방지 도입**
https://aws.amazon.com/ko/about-aws/whats-new/2022/07/malware-protection-
feature-amazon-guardduty/

참고 7-4 **AWS Lambda, 계층화된 요금제 발표**
https://aws.amazon.com/ko/about-aws/whats-new/2022/08/aws-lambda-tiered-pricing/

7.2.2 장애 대응: 사고가 발생했다면 어떻게 하는가?

이번 절에서는 AWS 측에 장애가 발생한 경우 어떻게 대응할 것인가에 관해 살펴봅시다.

● 물리 기기 장애

EC2 인스턴스를 호스팅하는 물리 기기에 장애나 이상이 발생해서 EC2 서비스를 제공할 수 없게 된 경우, 해당 물리 기기에서 기동하던 EC2 인스턴스는 정지합니다. EC2 인스턴스는 기본적으로 Auto Recovery가 활성화돼 있으므로, 정상적인 물리 기기에서 재기동합니다. 그때 AWS Health Dashboard에 **Auto Recovery된 것이 기록됩니다**(그림 7-5). 그리고 EC2 인스턴스의 시스템 상태 체크가 실패하므로 Amazon CloudWatch 알람에서 알림을 발생할 수 있습니다.

인스턴스가 자동으로 재기동된 후에는 애플리케이션이 중단된 처리를 재시도하는 구조가 있거나, 데이터를 인스턴스 개별로 보관하지 않도록 했다면 이용자 측에서 수행할 일은 거의 없습니다. 만약 애플리케이션에 자동적으로 재시도하는 구조가 없거나 인스턴스별로 데이터를 가지고 있는 경우에는 장애 발생 시에 실시하던 처리 결과가 올바르게 기록되지 않거나, **복구한 인스턴스와 가동 중이었던 다른 애플리케이션과의 부정합이 발생할 가능성**이 있습니다(그림 7-6). 그런 경우에는 일시적으로 트래픽을 받지 않도록 한 후, 장애 발생 시에 실행하고 있던 처리를 수동으로 재실행하는 등 애플리케이션이 정상적으로 작동할 수 있는 상태를 정비한 후 트래픽을 받을 수 있도록 조작해야 합니다.

그림 7-5 EC2 인스턴스의 Auto Recovery가 발생했을 때의 AWS Health Dashboard 화면

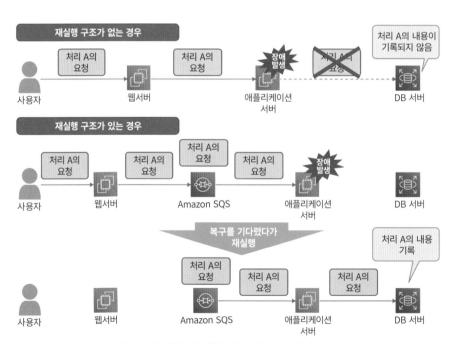

그림 7-6 인스턴스가 자동으로 재기동한 후 애플리케이션의 작동 차이

📎 리전 장애

앞의 예는 물리 기기 한 개의 장애이므로 장애의 영향 범위가 한정적입니다. AZ 규모에서 Amazon EC2 장애를 받은 사례(참고 7-5), AWS와 데이터 센터 사이를 전용선으로 연결하는 AWS Direct Connect에 장애가 발생한 사례(참고 7-6)가 있습니다.[1] 두 장애 모두 가용 영역 단위에서 다중화돼 있었고, 여러 전용선을 준비하여 **장애의 영향을 받지 않고 AWS에서 시스템을 계속 가동할 수 있었습니다.**

AWS의 장애는 언제 일어날지 알 수 없습니다. 중요한 것은 Design For Failure에 따라 장애가 발생하더라도 가동을 지속할 수 있는 아키텍처링을 수행하고, 장애가 발생하더라도 짧은 시간 안에 복구할 수 있는 구조를 만들어두고, 정기적으로 운용 훈련을 실시하면서 장애 발생 시에도 원만한 운용이 가능하도록 매일 준비해야 합니다.

참고 7-5 **도쿄(AP-NORTHEAST-1) 리전에서 발생한 Amazon EC2와 Amazon 서비스 이벤트 요약**
https://aws.amazon.com/jp/message/56489/#ko_KR

참고 7-6 **동경 리전(AP-NORTHEAST-1)에서 발생한 AWS Direct Connect 사고에 관한 요약(일본어)**
https://aws.amazon.com/jp/message/17908/

7.2.3 비용 모니터링의 중요성

AWS뿐만 아니라 퍼블릭 클라우드는 종량 과금제를 적용하고 있으므로, 사용한 만큼 비용이 청구됩니다. 그렇기 때문에 **당초 예정했던 예산을 초과하지 않았는지 정기적으로 파악하는 것**은 PM의 매우 중요한 업무입니다. AWS으로 비용 관리에 관련된 서비스로 AWS Budgets와 AWS Cost Explorer가 있습니다.

---

1 [옮긴이] 한국에서도 2018년 11월(https://aws.amazon.com/ko/message/74876/), 2022년 2월(https://www.techm.kr/news/articleView.html?idxno=93940)에 두 차례 큰 장애가 발생했으며, 이는 AZ 다중화와 복수의 전용선이 준비되지 않아 장애가 발생한 것이었습니다.

🔵 AWS Budgets

AWS Budgets는 이름 그대로, 사전에 예산액에서 산출한 임곗값(예를 들어 예산액의 90%를 임곗값으로 한다)를 등록해두면 예산을 초과할 것으로 예상될 때 알람을 보내는 서비스입니다(그림 7-7). 알람을 보내는 시점은 해당 월에 이용한 실제 비용이 임곗값을 넘는 경우, 해당 월의 이용 비용으로부터 예측한 월말 비용이 임곗값을 넘는 경우 등을 설정할 수 있습니다.

그림 7-7 AWS Budgets의 임곗값 설정 화면

그림 7-8은 실제 AWS Budgets에서 받은 알림 예입니다. 예산을 1천 달러로 설정하고, 예측 비용이 700달러를 넘었을 때 AWS Budgets와 연동해둔 AWS Chatbot을 경유해 슬랙으로 알림이 전달되도록 설정했습니다. 이 그림의 예에서는 예측 비용이 737.36달러가 돼 임곗값인 700달러를 넘었기 때문에 슬랙으로 알림이 전송됐습니다.

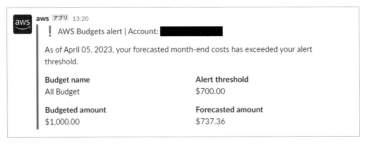

그림 7-8 AWS Budgets로부터의 비용 초과 알림 예

🔵 AWS Cost Explorer

AWS Cost Explorer는 AWS의 각 서비스를 얼마나 사용했는가를 시각화하는 서비스입니다. 어느 서비스를 얼마나 사용했는가를 최소 일 단위로 확인할 수 있으며, 다중 계정 구성의 경우에는 어떤 AWS 계정에서 이용했는지도 확인할 수 있습니다(그림 7-9).

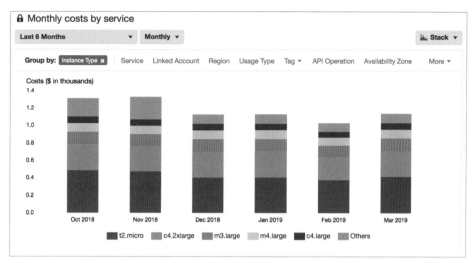

그림 7-9 AWS Cost Explorer 화면 예

AWS Budgets은 미리 설정한 임곗값에 도달하면 알림을 전송하지만, 어떤 서비스를 얼마만큼 사용했는가에 관한 내역은 알려주지 않으므로 Cost Explorer에서 확인해야 합니다. 한편 Cost Explorer는 서비스 단위에서의 비용을 확인할 수는 있지만, 알림 기능은 없습니다. 정기적으로 비용 상황을 파악하기 위해 AWS Lambda를 사용해 AWS Budgets로부터 예측 비용, Cost Explorer로부터 각 서비스의 이용료를 얻어, 알림을 전송하는 구조를 구현하는 것이 좋습니다(그림 7-10). 특히 개발 기간 중에는 운영체제가 완성 단계가 아니어서 인스턴스 정지를 잊어버려 생각지도 못한 높은 이용료가 발생하는 경우가 있으므로, 매일 알림을 전송해서 확인하도록 하면 좋을 것입니다. 그리고 시스템을 릴리스하고 안정된 뒤, 알림 빈도를 줄이도록 합니다.

그림 7-10 AWS Lambda를 이용한 비용 알림 bot 구현

7.2.4 AWS Support 활용

AWS에서 시스템을 구축/운용하다 보면 AWS의 상세한 사양 확인이나 트러블 슈팅이 필요하게 됩니다. 그런 경우에 AWS Support가 활성화돼 있다면 AWS 전문 엔지니어에게 문의할 수 있습니다. AWS Support는 다섯 가지 지원 플랜을 통해 제공되며, 그 내용이 각각 다릅니다(표 7-1).

표 7-1 AWS Support 플랜 비교

	Basic	Developer	Business	Enterprise On-Ramp	Enterprise
AWS Trusted Advisor	Service Quota 및 기본 보안 확인	Service Quota 및 기본 보안 확인	전체 세트 확인	전체 세트 확인	전체 세트 확인
지불 지원	○	○	○	○	○
기술 지원	×	클라우드 전문 담당자에게 업무 시간*에 웹을 통해 액세스	클라우드 전문 엔지니어에게 연중무휴 24시간 전화, 웹 및 채팅 액세스	클라우드 전문 엔지니어에게 연중무휴 24시간 전화, 웹 및 채팅 액세스	클라우드 전문 엔지니어에게 연중무휴 24시간 전화, 웹 및 채팅 액세스
사례 심각도/ 응답 시간*	×	• 일반 지침: 24시간* • 시스템 손상: 12시간*	• 일반 지침: 24시간 • 시스템 손상: 12시간 • 프로덕션 시스템 손상: 4시간 • 프로덕션 시스템 중단: 한 시간	• 일반 지침: 24시간 • 시스템 손상: 12시간 • 프로덕션 시스템 손상: 4시간 • 프로덕션 시스템 중단: 한 시간 • 비즈니스 크리티컬 시스템 중단: 30분	• 일반 지침: 24시간 • 시스템 손상: 12시간 • 프로덕션 시스템 손상: 4시간 • 프로덕션 시스템 중단: 한 시간 • 비즈니스/미션 크리티컬 시스템 중단: 15분
타사 소프트웨어 지원	×	×	상호 운용성 및 구성 지침과 문제 해결	상호 운용성 및 구성 지침과 문제 해결	상호 운용성 및 구성 지침과 문제 해결
요금	무료	월 29 USD 초과†	월 100 USD 초과†	5500 USD 초과	1만 5000 USD 초과

* 업무 시간은 내 계정 콘솔에 설정된 바와 같이 일반적으로 고객 국가 기준으로 휴일과 주말을 제외한 오전 8시부터 오후 6시까지로 정의됩니다. 여러 시간대를 가진 국가에서는 이 시간이 달라질 수 있습니다.

† 플랜에는 30일 최소 약정이 적용됩니다.

AWS Trusted Advisor는 이용 중인 AWS 계정의 각종 설정이나 비용이 **모범 사례를 따르는가**를 판별하고, 권장 사항에서 이탈한 리소스가 무엇인지 제시해줍니다. 예를 들어, CPU 사용률이 높지 않은 상태의 인스턴스는 인스턴스 크기를 변경하도록 제안하는 성능 체크나 액세스 키의 유출을 감지하는 등의 보안 체크를 수행합니다(참고 7-7). AWS Support 플랜이 베이식 또는 개발자인 경우에는 최소한의 보안 체크와 서비스 쿼터 체크뿐이지만, 비즈니스 플랜 이상이면 모든 항목에 대한 체크를 받을 수 있습니다.

받을 수 있는 지원은 **베이직 플랜에서는 지불이나 계약에 관한 문의뿐**이지만 **개발자 플랜 이상에서는 기술에 관한 문의**를 할 수 있습니다. 특히 **비즈니스 플랜 이상에서는 문의 상대가 클라우드 지원 엔지니어가 되며, 전화나 채팅도 이용**할 수 있습니다.

그리고 AWS Support 수준을 선택함에 있어 중요한 항목의 하나가 케이스의 중요도와 응답 시간입니다. 비즈니스에 대한 영향도에 따라서 문의 시에 케이스의 중요도를 설정합니다. 응답 시간은 문의한 후 AWS Support에서 무언가의 응답을 받기까지의 목표 시간입니다. **비즈니스상 중요한 시스템을 AWS에서 실행하고 있다면, 엔터프라이즈 플랜을 선택하고 만일의 경우에도 지원을 받을 수 있도록 해두는 것**을 권장합니다. 그리고 AWS Support가 비즈니스 플랜 이상이라면 AWS 서비스 외의 서드파티 제품에 관한 문의도 할 수 있습니다. 그중에는 일반적인 OS나 웹서버, DB 소프트웨어 등이 포함됩니다(참고 7-8).

참고 7-7 **AWS Trusted Advisor 참조 확인**
https://docs.aws.amazon.com/ko_kr/awssupport/latest/user/trusted-advisor-check-reference.html

참고 7-8 **AWS Support FAQ**
https://aws.amazon.com/ko/premiumsupport/faqs/

⬤ AWS Support 선택 시 주의점

AWS Support를 선택할 때 주의할 점이 있습니다. AWS Support는 AWS 계정 단위에서 설정되므로, 다중 계정 아키텍처를 채용하는 경우 **각각의 AWS 계정에 플랜 수준**

을 변경할 수 있습니다. 예를 들어, 프로덕션용 계정은 비즈니스 플랜, 개발용 계정은 무료 베이식 플랜으로 설정할 수 있습니다. 하지만 문의는 각 AWS 계정에서 실시하게 되므로, 베이식 플랜으로 설정한 개발용 계정은 기술에 관한 질문을 할 수 없습니다(그림 7-11). 그리고 프로덕션용 계정에서 개발용 계정에 관한 질문을 하는 **교차 계정 지원은 기본적으로 실시할 수 없습니다.** AWS 계정의 경계를 넘는 질문은 보안과 개인정보의 개념이 있기 때문에, 교차 계정 지원은 제공되지 않습니다(참고 7-9). 또한 교차 계정 지원을 받을 수 있는 예외로 **엔터프라이즈 플랜 적용 시 예외적으로 AWS Support의 테크니컬 계정 관리자에게 상담할 수 있는 경우가 있습니다.** 엔터프라이즈 플랜을 이용하지 않지 않는 경우에는 개발용 AWS 계정에서도 개발자 이상, 필자의 의견으로는 비즈니스 플랜으로 하는 것을 권장합니다. 그 이유는 비즈니스 플랜 이상이라면 기술 문의에 클라우드 전문 엔지니어가 응대하는 점, 서드파티 제품까지 지원되는 점, Trusted Advisor의 모든 체크 항목이 활성화되는 점을 들 수 있습니다. 다만 유료이기 때문에 시스템 예산이나 개발 체제 등과 비교해보고 선택하기 바랍니다.

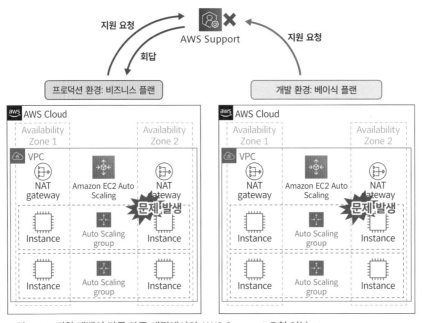

그림 7-11 지원 레벨이 다른 다중 계정에서의 AWS Support 요청 여부

참고 7-9 **AWS Trusted Advisor 참조 확인**(교차 계정 지원)
https://aws.amazon.com/ko/premiumsupport/faqs/#product-faqs#premium-support-
faqs#aws-trusted-advisor

AWS Support 활용 방법

마지막으로 AWS Support 활용 방법을 간단히 소개합니다. AWS Support로 문의를 보낼 때는 AWS 서비스의 종류를 선택합니다. **실제로 문의를 수행할 서비스명을 선택합시다.** 지원 케이스를 요청할 때는 정보는 간략하게 모아서 정리합니다. 구체적으로는 다음과 같은 내용을 기재합니다.

- 대상 서비스의 ARN명 또는 인스턴스 ID 등, 장애 위치를 유일하게 특정할 수 있는 정보
- 발생 시각(KST, UTC 등 시간대도 함께 기재)
- 직전에 실행한 조작 내용(어떤 조작이나 명령어를 실행했는가)
- 발생한 에러 메시지나 로그, 화면 캡처
- 참고한 문서
- 구현하고 싶은 것, 작동해야 할 상태(ALB에서 https 통신을 수행하고 싶으나, 인증서를 첨부해도 https화할 수 없어 인스턴스 ID xx를 기동하고 싶지만 에러 메시지가 발생하며 기동할 수 없는 등)를 간략하게 기재

필요한 정보가 충분하지 않으면 AWS Support 안에서 조사하는 범위가 커지므로, 답변을 수령할 때까지 시간이 걸립니다. 문제 발생 시 초조해지기 쉽지만, 간략하게 정보를 제휴할 수 있도록 평소에 준비합시다.

그리고 지원 케이스 요청 방법에는 전화, 챗, 웹의 세 가지 패턴이 있습니다. **필자는 웹을 권장합니다.** 이유는 상기 정보를 전화나 챗으로 간결하게 전달하는 것이 어려운 것은 물론, 글로 쓰면서 자신의 머릿속이 정리돼 문의 전에 자력으로 해결할 가능성도 있기 때문입니다. 한편, 전화나 챗으로 문의할 때도 있습니다. **긴급도가 높고, 트러블 슈팅에 필요한 수집 방법이 판단되지 않는 경우 등에는 AWS Support와 전화 및 챗을 통해 실시간으로 정보 수집에 관한 지시를 받아 AWS Support과 협업**하는 경우도 있습

니다. 더욱 상세한 정보는 AWS Support에서 제공하는 질문 시의 주의 사항이나 문의 사례를 참조해 사전에 숙지합시다(참고 7-10).

참고 7-10 기술 문의를 위한 가이드라인
https://aws.amazon.com/ko/premiumsupport/tech-support-guidelines/

마지막으로 무사히 AWS Support를 통해 문제를 해결했다면 지원 케이스를 닫은 뒤, 지원 대응에 대한 평가를 진행합니다. 피드백을 보내 AWS Support 개선 활동을 도울 수 있습니다.

8

클라우드 시스템을
올바르게 평가하는 관점

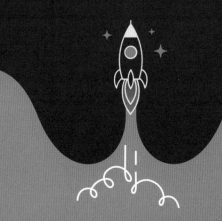

시스템을 클라우드로 마이그레이션하거나 신규 구축했다면 시스템 도입에 따라 당초의 목적을 달성했는지 투자 대비 효과를 평가해야 합니다. 이번 장에서는 클라우드 시스템의 평가 관점에서 설명합니다.

8.1 | 비용 관점

시스템을 개발/운영하면서 반드시 거쳐야 하는 관문에 시스템 예산 확보가 있습니다. 클라우드를 이용하면 저렴해진다는 말을 자주 들었을 것이라 생각합니다. 이번 절에서는 클라우드를 이용하면 왜 저렴해지는가에 관해 인프라스트럭처 비용을 포함한 인적 비용, 시간적 비용 관점에서 확인해봅시다.

8.1.1 인프라스트럭처 비용 관점

시스템을 클라우드로 마이그레이션할 때의 목적으로 'IT 비용 절감'을 자주 듣습니다. 하지만 단순히 서버의 운용 비용만으로 온프레미스와 클라우드를 비교하면 클라우드 쪽이 더 높습니다. 이유는 클라우드의 가상 서버 비용에는 데이터 센터 이용료, 전기료, 내지 설비 비용, 유지보수 비용 등이 포함돼 있기 때문입니다.

AWS 데이터 센터는 제3자 인증을 받은 보안 대책이나 운용 체제를 제공하고 있으며, 데이터 센터 자체나 전기, 각종 하드웨어가 다중화돼 있음은 물론 예비 기기를 확보하고 있다는 점 또한 비용을 고려할 때 중요합니다(참고 8-1). EC2 등에 설정할 수 있는 보안 그룹이나 디스크 암호화 등 AWS가 제공하는 가상머신의 작동 환경을 직접 준비하려면 많은 비용과 인력이 필요합니다. 클라우드 비용을 온프레미스와 비교할 때는 이러한 서비스나 기능이 포함된 것도 함께 고려해야 합니다.

그리고 시스템 구축 방법에 관해서도 인프라스트럭처 비용에 대한 사고가 달라집니다. 예를 들어 같은 크기의 컴퓨팅 리소스(CPU 수나 메모리 크기)를 EC2로 준비하는지 혹은 컨테이너로 준비하는지 관점에서는 컨테이너 쪽의 운용 비용이 단순합니다. 일반적으로 EC2는 OS의 가동에 필요한 리소스도 필요한 반면, 컨테이너는 실행할 애플리케이션에 필요한 리소스만 준비하면 된다는 점이 다릅니다. 그리고 컨테이너 작동 환경을 매니지드 서비스인 AWS Fargate로 변경하면 단순히 코어 수당 이용료는 증가하지만,

OS 유지보수 등 운용 비용을 들이지 않아도 됩니다. 마찬가지로 매니지드 서비스를 활용하는 쪽이 가상머신상에 구축하는 경우에 비해 운용 비용은 증가하지만, OS 계층이나 패치 적용 등의 운용 노력에서 해방될 수 있으며 Auto Scaling 등의 기능을 얻을 수 있으므로 비용 관점에서 비교할 때는 같은 운용이나 기능 구현 비용을 포함해서 평가해야 합니다.

IT 비용, 특히 서버 등의 가동에 필요한 비용을 온프레미스와 클라우드에서 비교하는 경우가 많을 것이라 생각하지만 위에서 설명한 것처럼, **클라우드 서버 가동료에는 데이터 센터 비용이나 하드웨어 유지보수 비용 등이 포함돼 있다**고 계산한 후에 평가해야만 합니다.

참고 8-1   **AWS 규정 준수 프로그램**
https://aws.amazon.com/ko/compliance/programs/

8.1.2 인적 비용 관점

◐ 하드웨어 유지보수 운용

지금까지 수차례 언급한 것처럼 클라우드에 시스템을 구축하는 것의 장점으로 **하드웨어 유지보수 등을 클라우드 벤더에게 맡길 수 있다는 점**이 있습니다. 온프레미스 시스템이라면 하드웨어 유지보수 운용을 위해 담당자를 할당하고, 만일의 경우 즉시 대응할 수 있게 대기하도록 해야 합니다. 이 밖에도 하드웨어 벤더와의 커뮤니케이션이나 EOL 관리 등도 수행해야만 합니다. 하드웨어의 EOL이 가까워지면 기기 교환을 위해 벤더로부터 예상 비용을 취득하거나 사내 품의나 상급자를 위한 설명 자료를 설정하는 등 관리나 업그레이드 준비에 많은 인적 비용이 발생합니다. 클라우드를 활용하면 하드웨어 유지보수 운용은 클라우드 벤더가 책임지고 실시하며, 그 비용은 이용한 클라우드 서비스비에 포함됩니다. 지금까지 하드웨어 유지보수 운용에 할당했던 인원이 필요 없어질 뿐만 아니라, 그 인원이 비즈니스를 담당하게 하면 수입 확대로 이어질 수 있을 것입니다.

◉ 시스템 유지보수 운용

클라우드를 활용하는 장점으로 **시스템 운용을 지탱하는 서비스가 충실하게 제공된다는 점**을 들 수 있습니다. 시스템 릴리스 직후는 이용하지 않는다고 가정하더라도, 나중에 서비스를 쉽게 추가할 수 있습니다. 온프레미스의 경우는 운용을 효율화하기 위해 기능을 추가하고 싶어도 서버 등 리소스가 부족하거나, 서버를 추가해도 랙에 빈 공간이 없는 등 **릴리스 이후에는 사양 변경이 어려운 경우**가 많습니다. 클라우드에서라면 리소스 제한을 신경 쓰지 않고, 설계 시에는 가정하지 않았던 운용 업무에 대응할 수 있는 서비스 도입이나 시스템을 운용하면서 정형화된 작업의 자동화를 수행할 수 있습니다.

유지보수 운용 업무 서비스를 활용하거나 자동화하여 운용 인력의 부하를 낮출 수 있습니다. 또한, 누구나 운용이 가능하게 되거나 운용 시 일어나는 실수를 피할 수 있습니다.

● 필자의 경우

운용 자동화의 궁극적인 **목표는 모든 유지보수 운용 업무가 자동적으로 실시되고, 사람이 개입하지 않은 '무인 운용'**이라고 생각합니다. 이를 실현하기 위해 AWS의 Amazon CloudWatch, AWS Systems Manager, AWS Lambda, AWS Step Functions 등을 조합해 운용 업무의 효율을 높이고 자동화합니다.

필자의 팀에서는 운용을 자동화할 때 그림 8-1과 같이 우선순위를 정리하고 구현을 진행합니다. 그림의 1번은 설명하지 않아도 알 것입니다. 실시 빈도가 높은 것을 자동화하면 그만큼 운용 공수를 줄일 수 있으므로 최우선으로 실시합니다. 2번과 3번은 실시 빈도가 낮은 것이니 효과가 적다고 생각할 수 있습니다. **실시 빈도가 낮은 운용 업무는 팀에서 진행이 어려울 수 있기 때문에** 실시 빈도가 낮은 업무라도 자동화하면 누구나 운용 업무를 할 수 있도록 합니다. 특정 사람에 대한 의존도를 비롯해 자동화에 드는 비용, 서비스 운영 시 발생하는 업무 영향을 고려해 우선순위를 선정한 후 구현합니다.

그림 8-1 자동화 구현의 우선순위 예

8.1.3 시간적 비용 관점

클라우드 활용의 장점으로 **조달 시간이 거의 들지 않는다는 점**이 있습니다. 시스템 구축에 필요한 하드웨어를 조달하는 데 걸리는 시간이, 클라우드에서는 0이 됩니다. 또한 필요한 하드웨어 수량 조사나 각 하드웨어 벤더의 제품 비교 작업, 설치할 설비 조달에 드는 시간, 납품 시 대응 등에 드는 시간과 인적 비용이 사라집니다. **이런 인프라스트럭처에 들이는 시간 단축은 애플리케이션 제공까지 드는 시간을 단축하고, 비즈니스 진행 속도를 가속할 수 있게 됩니다.**

'클라우드를 활용해 비용을 절감하고 싶다'는 목적을 달성했는지 평가하려면 단순한 운영 비용 비교뿐만 아니라, 운용 자동화로 인한 인적 비용 절감, IT 리소스 연동과 사전 준비에 필요한 시간 단축 등 평가 관점이 필요합니다. 인적 비용 및 시간적 비용의 절감 효과는 측정이 어려울지도 모르나, 인력과 시간을 확보하여 새로운 개발이나 업무에 리소스를 할당할 수 있다는 점을 감안하여 클라우드 활용을 평가해야 합니다.

8.2 | 보안 관점

AWS를 이용할 때 필수 사고방식으로 공동 책임 모델이 있습니다. 이것은 AWS와 이용자가 역할을 분담해서 보안 대책을 마련한다는 사고방식입니다. 그리고 이용자의 책임 분담 영역에도 AWS가 제공하는 서비스를 조합해 일정 수준의 대책을 준비할 수 있습니다.

AWS 장점에는 **보안 대책의 한 부분을 AWS에게 맡길 수 있다는 점**이 있습니다. **공동 책임 모델**에서는 서비스가 운용되는 데이터 센터의 물리적인 보안에서 가상화 계층까지 AWS가 관리 운용합니다. 이용자는 OS 계층의 보안 패치 적용이나 애플리케이션 및 AWS의 각종 서비스 이용 설정과 관리에 대해 적절하게 보안을 운용해야 합니다(참고 8-2). 바꿔 말하면 데이터 센터나 하드웨어 등의 보안 대책은 AWS가 책임지고 실시하므로, 이용자는 안심하고 애플리케이션 개발에 전념할 수 있습니다. AWS는 감사를 통해 다양한 규정 준수 인증을 받기 때문에, **AWS상에 구현하는 시스템이 규정 준수를 만족시키려면 AWS의 서비스 설정을 적절하게 수행하고, 규정 준수에 준거한 애플리케이션 개발을 수행하면 됩니다**(참고 8-3).

참고 8-2   **공동 책임 모델**
https://aws.amazon.com/ko/compliance/shared-responsibility-model/

참고 8-3   **AWS 규정 준수 프로그램**
https://aws.amazon.com/ko/compliance/programs/

보안 측면에서는 보안 관련 서비스가 충실하다는 점을 장점으로 들 수 있습니다(참고 8-4). 보안에 충분한 인적 리소스를 할당할 수 없더라도 AWS의 보안 서비스를 조합해 이용하면 시스템을 안전하게 보호할 수 있습니다. 온프레미스에서 AWS 보안 서비스와 동등한 보안 대책을 수행하려면 규정 준수 제품을 선택해서 구입하고, 보안을 수행할 리소스에 대해서도 추가로 설정을 수행해야 합니다.

보안 관련 리소스에는 AWS WAF와 같이 매니지드 규칙이 제공됩니다. 따라서 적용하는 것만으로 대책을 강구할 수 있는 것은 물론 AWS Security Hub와 같이 AWS의 보안 대책에 적합한지 자동적으로 체크할 수 있습니다. 종류가 다양하므로 어떤 것을 선택하면 좋은지 고민이 필요하지만, 카테고리별로 크게 나누어져 있으므로 먼저 어떤 카테고리의 대책을 택할 것인지 확인한 후 각 서비스의 개요를 참조해 선택합시다.

참고 8-4 **AWS의 보안, 자격 증명 및 규정 준수**
https://aws.amazon.com/ko/products/security/

보안 대책을 시행했어도 취약성은 새로이 발생합니다. 새로운 취약성이 발견되는 대로 대응 패치가 적용되면 좋지만, 애플리케이션에 얼마나 영향을 미치는지 조사하는 데 시간이 걸리고, 유지보수 윈도우가 설정돼 있지 않으면 즉시 적용하는 것이 어려울 수도 있습니다. 취약성의 영향 규모에 따라 다르지만, 과거에 공개된 Log4j의 취약성은 AWS 서비스를 조합하는 것으로 리스크를 줄이는 방법이 제공됐습니다(참고 8-5). 이러한 대응책이 AWS에서 반드시 제공하는 것은 아니지만, 제공하는 경우에는 직접 회피책을 조사 및 구현하는 것보다 손쉽게 리스크를 줄일 수 있습니다.

참고 8-5 **AWS 보안 서비스 기반 Log4j 취약점 위험 노출 제한, 감지 및 대응 방법**
https://aws.amazon.com/ko/blogs/korea/using-aws-security-services-to-protect-against-detect-and-respond-to-the-log4j-vulnerability/

8.3 | 운용 관점

시스템은 구축한다고 완료되는 것이 아니라 적절한 관리와 운용이 필요합니다. AWS에서는 사고 발생 시 정형화된 대응 업무를 자동화할 수 있는 등 클라우드에서만 가능한 시스템 관리 운용 서비스를 제공합니다.

2019년 릴리스된 ITIL4IT infrastructure library 4에서는 IT를 이용하는 조직이 수행해야 할 업무로 34개의 프랙티스를 정의했습니다. **프랙티스들은 '서비스 관리 프랙티스', '일반적 관리 프랙티스', '기술적 관리 프랙티스'**로 나뉩니다. 특히 서비스 관리 프랙티스에는 '가용성 관리', '수용량 및 성능 관리', '문제 관리', '릴리스 관리'와 같은 시스템 운용 업무에 관한 17개의 프랙티스가 모여 있습니다.

클라우드상의 시스템도 예외 없이 ITIL에 따라 설계 및 운용을 수행해야 하지만 ITIL를 준수하기 위해 정비해야 할 도구나 리소스를 준비하는 것이 쉽지는 않습니다. AWS에는 AWS Systems Manager를 필두로 시스템 운용용 서비스가 제공됩니다. 어떤 EC2 인스턴스에 어떤 미들웨어의 어떤 버전이 포함된가와 같은 구성 정보를 목록화할 수 있고, 사고를 관리해 대응을 자동화할 수 있는 등 운용 업무를 지원하는 기능이 제공됩니다. 온프레미스의 운용 업무에서 이용하던 도구에서 변경이 필요하므로 학습 비용은 발생하지만, **운용 기반 그 자체의 운용 비용이 필요하지 않게 되는 것**을 고려하면 클라우드가 제공하는 서비스를 활용하는 편의 장점이 크다고 할 수 있습니다.

8.4 | 비즈니스와 조직 관점

클라우드에서 시스템을 구축하는 것으로 조달 시간을 단축할 수 있고, 운용을 AWS에 맡길 수 있는 등 비즈니스의 장점이 있다는 점은 지금까지 반복해서 설명했습니다. 그러나 시스템을 구축했지만 기대대로 이용되지 않았을 때, 온프레미스와 클라우드에서 어떤 차이가 있을까요? 이번 절에서는 비즈니스나 조직 관점에서 클라우드를 사용함에 따라 얻을 수 있는 장점을 모아서 설명하겠습니다.

8.4.1 비즈니스 관점

이미 8.1.2절 '인적 비용 관점'과 8.1.3절 '시간적 비용 관점'에서도 논의했지만, 시스템 기반을 클라우드로 마이그레이션하면서 **IT 리소스 조달과 그 사전 준비에 필요한 인적/시간적 비용을 줄일 수 있는, 운용 자동화 등을 통해 인적 비용을 줄일 수 있는** 등의 큰 성과를 기대할 수 있습니다. 그리고 돈으로 환산하는 것은 어렵지만, 절감할 수 있는 인적 리소스를 개발 업무에 할당해 비즈니스 확대로 이어질 수 있는 운용 업무를 표준화하고 조직 내의 신진대사가 활성화되는 등, 클라우드를 활용함에 따라 얻을 수 있는 부수적인 효과도 얻을 수 있습니다.

물리적으로 리소스를 갖지 않는 것도 클라우드의 강점입니다. 온프레미스에서는 비즈니스의 성장에 따라 리소스를 확장하는 것이 어렵고, 늘리다 하더라도 조달에는 시간이 걸립니다. 그리고 **비즈니스가 철수하는 경우도 있습니다.** 물리 서버의 폐지 비용은 삭제 손실이 발생하고, 리소스 제거가 완료될 때까지 인원과 시간이 필요합니다. 클라우드라면 필요한 시점에 리소스를 증가시킬 수 있고, 철수하게 됐을 때 손쉽게 삭제할 수 있습니다. 이런 비즈니스 철수의 리스크를 포함해 클라우드 활용을 평가하는 경우는 거의 없지만, **신규 서비스의 시작 등 시스템의 이용 기간이 불투명한 경우에는 평가 기준으로서 포함시키면 좋을 것입니다.**

8.4.2 조직 관점

초보 엔지니어나 경험이 없는 엔지니어를 육성하고 싶다, 내재화를 추진하고 싶은 경우 가장 병목이 되는 것이 바로 교육 비용입니다. AWS를 도입하는 장점으로 **교육 콘텐츠나 매뉴얼, 웹 상에 다양한 구현 사례 등이 풍부하다는 점**을 들 수 있습니다. 공식 사이트에도 문서(참고 8-6)와 혼자 학습할 수 있는 워크숍(참고 8-7) 등이 제공되므로, 이들을 사용해 AWS 서비스를 숙달할 수 있습니다.

공식 문서 외에도 검색 사이트에서 'AWS'라는 키워드와 함께 구현하고 싶은 단어 등을 입력해서 검색하면, 다양한 블로그 아티클 등을 찾아볼 수 있습니다. 이런 정보를 참고로 하여 실제로 손을 움직이며 경험치를 쌓으면서 스킬을 획득할 수 있습니다(**단, 개인 블로그 등의 내용을 거르지 않고 프로덕션 환경의 구현에 이용하는 것은 위험합니다. 이용 시에는 공식 문서에서 확인 등을 하시기 바랍니다**).

육성한 초보 엔지니어가 베테랑 엔지니어의 업무를 실시할 수 있다면, 베테랑 엔지니어는 신규 개발이나 난이도가 높은 개발에 주력할 수 있습니다. 조직으로서 육성 계획을 정하고 **초보 엔지니어나 미경험 엔지니어를 육성했는가**, 초보 엔지니어가 전선에 설 수 있게 되면서 **베테랑 엔지니어의 공수에 얼마나 여유가 생겼는가** 등을 평가하면 좋을 것입니다.

참고 8-6   **AWS 설명서에 오신 것을 환영합니다**
https://docs.aws.amazon.com/ko_kr/

참고 8-7   **AWS Workshops**
https://workshops.aws/

9

클라우드의 장점을 살린
개발 사례

이번 장에서는 필자가 요건 정의에서 운용까지 실시하고 있는 클라우드 개발 사례를 소개합니다. 각각 클라우드의 장점을 살려서, 높은 가용성과 최소한의 투자를 통한 DR 대책을 구현한 사례, 작게 시작하면서 필요한 최소한의 비기능 요건에 맞춰 개발한 사례입니다.

9.1 │ 인터넷 공개 웹사이트의 호스팅

클라우드 시스템 개발 사례의 하나로 인터넷에 공개된 웹사이트를 AWS에 호스팅한 사례를 소개합니다. 엔터프라이즈 CMS 제품을 활용하는 것으로 업무 요건을 해결하고 클라우드의 장점인 운용 비용의 감소와 DR 대책에 대한 비용 최소화, 운용 자동화 등을 달성합니다.

9.1.1 시스템 개요

필자가 실제로 담당했던 웹사이트의 호스팅 사례를 소개합니다. 여러 언어로 공개돼야 하는 웹사이트였기 때문에, 국가별 아티클 관리나 사이트 템플릿화 등의 기능이 있는 엔터프라이즈 CMS 제품을 채용하는 것으로 기능 요건을 구현했습니다. CMS 제품의 라이선스 규약과 사양을 준수해야 했기 때문에 **CMS 및 데이터베이스는 EC2에 도입**하는 것으로 했습니다.

가용성 요건은 웹사이트이므로 가능한 한 무정지로 운영하도록 해야 했지만, RTO/RPO는 수 시간을 허용받았습니다. 그리고 DR 대책으로 도쿄 리전에 장애가 발생했을 때도 웹사이트를 지속하는 요건과 DR 대책에 사용되는 비용은 최소한으로 한다는 요구 사항도 있었습니다.

아키텍처 요건으로서 프로덕션 환경 외에 애플리케이션 개발용 환경, 최종 사용자들이 애플리케이션의 작동 확인 등을 수행하기 위한 검증용 환경을 준비해야 했습니다.

9.1.2 클라우드의 장점 활용

이 사례에서 클라우드의 장점을 활용한 점을 꼽아보면 다음과 같습니다.

◖◗ 멀티 AZ를 이용한 가용성 확보

웹사이트인 동시에 높은 가용성 요건이 있었기 때문에 **웹서버, DB 서버는 각각 멀티 AZ에 EC2 인스턴스를 진행**했습니다. CMS로의 요청 분산에는 ALB를 사용했습니다.

전제 조건에 있는 것과 같이 데이터베이스는 EC2를 사용해야 했으므로 DB 소프트웨어의 기능을 이용해서 액티브/스탠바이 구성으로 가용성을 확보했습니다. CMS, 데이터베이스 모두 한쪽 계열의 EC2 인스턴스에 장애가 발생하더라도, 자동적으로 정상 EC2 인스턴스로 요청이 전달됩니다(그림 9-1).

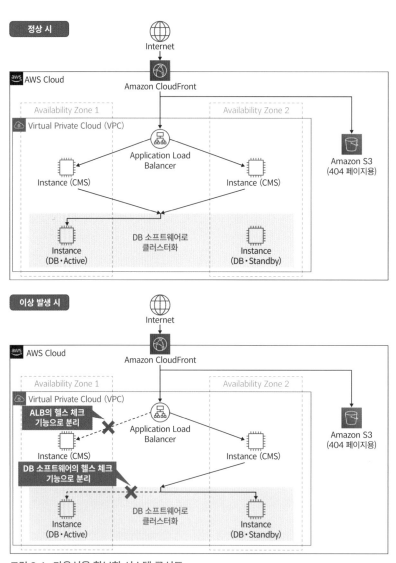

그림 9-1 가용성을 확보한 시스템 구성도

장애 대응 자동화

시스템 릴리스 전에 장애 발생에 대비한 절차는 정비했지만, 실제로 운용해보니 예상외의 사고가 발생하거나, 빈도가 예정보다 높은 등 예상대로 되지 않았습니다. 그래서 **실제 운용을 수행한 장애 대응 절차의 최적화를 수행하고, 초동 대응을 자동화했습니다**(그림 9-2). 구체적으로는 장애 발생이라고 정의한 이벤트가 발생하면, 사이트의 톱 페이지의 이미지 취득, 이름 해결 결과 취득, 각종 지표의 취득 등을 자동으로 실시하고 챗 도구에 알릴 수 있도록 했습니다. 어느 지표에서 이상이 보이는지, 404 에러 페이지로 교체되었는지 한눈에 확인할 수 있어, 운영팀 안에서 대응책을 채팅 도구상에서 논의할 수 있습니다.

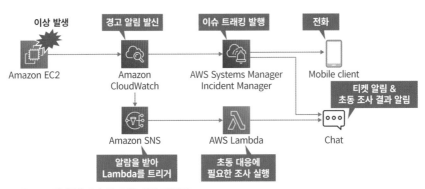

그림 9-2 장애 감지 후의 초동 대응 자동화

시스템 확대/축소

시스템 구축 시에는 일정 요청 수를 가정해서 성능 확보나 디스크 크기 등을 준비하지만, **웹 콘텐츠가 충실해짐에 따라 디스크 크기나 성능 요건이 달라졌습니다.** 그렇기 때문에 정기적으로 파악을 수행하고, 최적의 인스턴스 크기나 디스크 크기 확장, EBS 볼륨 유형 변경 등을 수행했습니다. 결과적으로 성능을 확보하면서 전체적인 비용을 **릴리스 당초에 비해 20% 절감할 수 있었습니다.**

비용을 최소화한 DR 대책

DR 요건은 다운타임을 허용하는 동시에 DR용 비용을 최소한으로 하고 싶다는 요건이 있었으므로 Backup & Restore 방식을 채용했습니다. DR 리전은 오사카 리전이 아니라 미국의 리전을 선택했습니다. 그 이유는 당치 오사카 리전이 정식 리전으로 제공되기 전이었으며, 오사카 리전은 도쿄 리전에 비해 기능 제공이 늦는 경우가 많았기 때문에 기능 차이에 따른 영향을 피하지 못한 경우가 있습니다. 그리고 도쿄 리전과 물리적으로 거리가 가까운 싱가폴 리전도 후보로 고려했으나, 도쿄 리전에 장애가 발생했을 때 **다른 도쿄 리전 이용자도 마찬가지로 싱가폴에 DR을 했다고 가정하면, 싱가폴 리전의 리소스가 부족해 시스템을 기동할 수 없게 될 리스크**를 고려해 미국의 리전을 선택했습니다. 외부 공개 정보로 구성되는 웹사이트인 동시에 해외에 데이터를 가져가는 것에 허들이 낮았던 것도 미국 리전을 선택한 요인 중 하나입니다.

DR 리전에는 AWS Backup을 이용한 AMI 이미지의 백업 외에, DB 소프트웨어를 이용해서 생성한 백업 파일을 S3에 백업했습니다. DR 발동 시에는 AWS CloudFormation을 통해 AMI 이미지 등으로부터 복구하여 단시간에 DR 환경을 구축할 수 있도록 했습니다. 비용도 백업 이미지와 데이터베이스 백업 파일 비용만으로 충분합니다. 이 방식을 도입하면서 RTO, RPO의 비기능 요건을 충분히 만족한 것은 물론 DR 발동 시 작업을 누구나 실수 없이 실시할 수 있게 됐습니다.

● 다중 계정 아키텍처를 이용한 환경 분리

애플리케이션의 개발 환경과 최종 사용자용 검증 환경은 각각 다른 AWS 계정상에 준비했습니다. AWS 계정을 나눠 보안 경계면을 설정했습니다. 다중 계정 아키텍처의 장점은 4.1.2절 'AWS 계정 관리'와 5.2.1절 '다중 계정 아키텍처'를 참조합니다. **환경을 분리했으므로 보안 수준이 다른 정보의 취급과 가동 시간의 튜닝을 손쉽게 할 수 있습니다.** 그리고 개발 환경에서 배치 적용이나 새로운 애플리케이션 작동 확인을 수행하는 동시에 프로덕션 환경 등으로 진행하는 것도 가능합니다.

9.2 사내 시스템으로서의 데이터 분석 인프라스트럭처

AWS의 시스템 구축 사례 하나를 더 소개합니다. 데이터 분석 인프라스트럭처이지만, 특정 이용자만 사용하는 용도로 작게 시작한 개발이었습니다. 소규모 시스템의 경우는 비용이 들쑥날쑥하기 쉬우므로, 예산 확보 시의 예상 비용을 세밀하게 하고, 실제로 발생한 비용 관리를 통해 예산 대비 몇 %의 오차로 가동시킬 수 있었습니다.

9.2.1 시스템 개요

두 번째 예는 센서 데이터를 분석하는 사내 시스템입니다. 센서 데이터 취득은 전용 장치에서 발신되고, 데이터베이스에 저장됩니다. 사내 시험장에서 작동 시험을 했을 때에 센서 데이터가 로컬 장치상에 생성되고, 이 시스템에 업로드해서 분석을 수행합니다. 사내 시스템이지만 이용자는 특정 부문으로 제한되며, 본격적인 사내 진행은 미정입니다. 예산도 한정적이며 최소한의 구성으로 만드는 것이 요구였습니다. 다운타임에 관해서도 비교적 너그러웠으며 클라우드 측의 시스템에 장애가 발생해 정지하는 것도 허용됐습니다.

9.2.2 클라우드의 장점 활용

◑ 필요시에만 가동시켜 비용 절감

센서 데이터를 취득할 때에만 이용하는 시스템이므로 **비가동 시에는 정지해 컴퓨팅 리소스 비용을 억제할 수 있습니다.** 그리고 스토리지 이용료나 NAT 게이트웨이, 각종 보안 서비스 등 배치하는 것만으로 비용이 발생하는 것이 있으므로 시스템을 전혀 이용하지 않는 달에도 AWS 이용료는 완전하게 0이 되지는 않습니다(그림 9-3). 예산 취득을 고려할 때는 계산 누락이 없도록 주의해야 합니다.

그리고 가동 시의 이용의 경우에는 예산 계산이 어려워집니다. 그 이유는 **예산 취득 시점에서는 어느 정도의 빈도로 시스템을 이용할 것인지 예측하기 어려운 것**을 들 수 있습니다. 예산 취득 시에 가능한 이용 예정 계획을 세우는 것은 중요하지만 7.2.3절 '비용 모니터링의 중요성'에서 설명한 것과 같이, **시스템으로서 이용한 후의 예상/실적 관리를 하는 것이 중요**합니다. 월 단위 등 정기적으로 비용 예상/실적 관리를 수행하고, 다음 달에 몇 시간 시스템을 가동시킬지 결정하는 워크플로를 만듭시다. 이 사례에서는 예산 정교화와 정기적인 예상/실적 관리를 통해 품의로 확보한 예산의 몇 % 오차 수준에서 시스템을 가동합니다. 환율 변동 폭을 고려하면 매우 좋은 정확도로 비용 관리를 합니다.

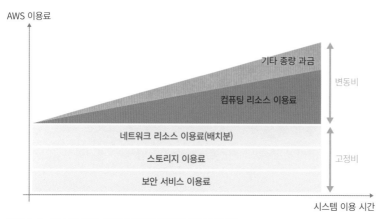

그림 9-3 시스템 이용 시간과 AWS 이용료 추이 이미지

◑ 최소 구성을 통한 스몰 스타트

이용자가 한정된 사내 시스템인 동시에 본 시스템을 본격적으로 진행하는 것이 검토 단계였으므로 웹서버, 연산용 서버, DB 서버 등은 다중화하지 않고 단일 구성으로 했습니다. 그렇다고 해도 **VPC나 서브넷은 충분한 CIDR을 확보해 다중 구성으로 변경할 수 있도록 했으며**, 추가 투자 판단이 내려졌을 때 충분히 수용할 수 있도록 했습니다. 성능 요건은 비용을 고려해서, 실시하고자 하는 처리를 최소한으로 수행할 수 있는 정도에서 멈췄습니다. 시스템 이용 방법에 따라서는 시간이 걸리는 경우도 있다는 것을

이용자들에게 이해시키고, 예외적으로 스케일 업이 필요한 처리를 수행하고 싶을 때는 인스턴스 크기를 크게 하는 운용을 수행했습니다.

운용 업무 자동화

시스템 구성이 단순하고 소규모인 동시에, 유지보수 운용 작업 흐름도 단순하게 정리돼 자동화를 진행할 수 있었습니다. 배치 적용을 통한 정상성 확인, 인스턴스 기동 정지, 성능 관리에 필요한 지표 정보 수집 등 **정상 업무는 대부분 자동화**했습니다. 기본적인 구성은 AWS Systems Manager나 AWS Lambda로 각각의 태스크를 구현하고, AWS Step Functions으로 워크플로를 만들었습니다. AWS Amazon EventBridge로 Step Functions을 실시하는 시점을 지정하여 필요시 운용 업무가 실시됩니다(그림 9-4).

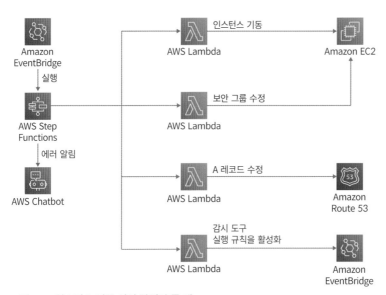

그림 9-4 인스턴스 기동 시의 작업 흐름 예

9.3 | 공개 사례: 주식회사 발 연구소

여기부터는 AWS 공개 사례 중 두 가지를 소개합니다.[1] 첫 번째는 웹 서비스 사례로, 트래픽이 분명하지 않은 한편 돌발적인 접근이 존재하는 것을 알고 있으므로 기존의 온프레미스의 사고 방식으로는 한계가 있었습니다. 그래서 클라우드의 장점을 최대한으로 활용해 비즈니스 성장으로 연결할 수 있었던 사례입니다.

참고 9-1   **AWS 도입 사례: 주식회사 발 연구소(일본어)**
https://aws.amazon.com/jp/solutions/case-studies/val/

9.3.1 시스템 개요

전차나 버스 등 공공 교통 기관의 환승 안내 소프트웨어 '에키스파토駅すぱあと[2]'를 제공하고 있는 발 연구소ヴァル研究所의 시스템적 특징으로 **태풍 등의 자연 재해 시나 장애 발생 시에 이용자가 급증할 것**이 예상됐습니다. 그리고 본업인 서비스 개발 시간을 인프라스트럭처 운영에 빼앗기는 것은 피하기 위해 운용 자동화가 포인트였습니다.

9.3.2 클라우드의 장점 활용

●● 유연한 리소스 확보

로드 밸런서와 Auto Scaling을 조합하여 **급격한 접속자수 상승에 대해 즉시 컴퓨팅 리소스를 추가할 수 있는 구조**를 도입했습니다. 그리고 캠페인 등 단기적으로 리소스가

---

1   옮긴이 주목할 만한 한국 사례는 다음을 참고하세요. 삼성전자, LG AI 연구원, 현대자동차, 카카오스타일 등 대기업뿐만 아니라 중소기업, 스타트업 등 다양한 기업의 사례를 소개합니다. https://aws.amazon.com/ko/blogs/korea/2023-customer-cases/
2   옮긴이 단어의 표기 및 발음은 expert의 일본어 표기 및 발음과 같습니다.

필요한 경우에도, 클라우드라면 즉시 다른 환경을 간단히 준비할 수 있으므로 온프레미스와 비교해 조달 비용을 최적화할 수 있을 것으로 예상할 수 있습니다.

◑ 조달 속도 단축 및 외부 서비스와의 연동

클라우드의 장점으로 리소스 조달에 시간이 걸리지 않는다는 점이 있습니다. 온프레미스에서는 신규 서비스를 기획하고 실제로 개발에 이를 때까지 필요한 서버 등의 리소스 조달에 시간이 걸리지만, 클라우드에서는 순식간입니다. 즉 **신규 서비스 개발에 즉시 뛰어들 수 있다는 것**을 의미합니다.

그리고 클라우드는 깃허브 등 외부 서비스와의 연동이 쉽다는 점이 있습니다. 개발이나 운용 효율을 향상시킬 수 있는 서비스와 클라우드 인프라스트럭처를 연동시켜 본업인 서비스 개발에 할당하는 시간을 늘릴 수 있다는 것도 클라우드의 장점입니다.

9.4 공개 사례: 홋카이도 TV 방송 주식회사

다음 공개 사례는 〈수요일은 어떠신가요?水曜どうでしょう〉로 친숙한 홋카이도 TV 방송北海道テレビ放送의 예입니다. 이벤트용으로 동영상 스트리밍 서비스를 준비해야 하는데, 2주라는 짧은 시간 동안, 그것도 서버 구축 경험이 없는 상황에서 구현한 것에 놀랍습니다. 왜 경험이 없어도 2주라는 짧은 시간에 동영상 스트리밍 서비스 인프라스트럭처를 만들 수 있었는지 살펴봅시다.

참고 9-2 **AWS 도입 사례: 홋카이도 TV 방송 주식회사(일본어)**
https://aws.amazon.com/jp/solutions/case-studies/htb/

9.4.1 시스템 개요

홋카이도 TV 방송 주식회사에서는 이벤트에 참가할 수 없는 시청자에게도 이벤트를 즐길 수 있도록 하고 싶다는 생각애서, 새로운 시도로 이벤트 개최에 맞춘 유료 라이브 스트리밍을 실시했습니다. 하지만 기획 단계에서는 **3일 동안의 이벤트를 위해 기재나 외부 동영상 스트리밍 서비스를 이용하는 것이 비용상 병목**이 됐습니다. 그래서 클라우드를 사용하면 필요할 때 동영상 스트리밍 서비스를 만들 수 있다는 것에서, 이후 비즈니스 모델의 실험작으로서 도전하게 됐던 것입니다.

9.4.2 클라우드의 장점 활용

매니지드 서비스를 활용한 개발 기간 단축

AWS에는 여러 매니지드 서비스를 제공하고 있으며, 그것들을 조합해 시스템을 만들 수 있습니다. 홋카이도 TV 방송 주식회사의 경우, 동영상 인코딩이 가능한 AWS Elemental MediaLive(라이브 비디오 콘텐트를 변환)과 동영상 스트리밍을 가능하게 하는 AWS Elemental MediaPackage(동영상 스트리밍과 패키지화)라는 두 가지 매니지드 서비스를 활용하여 동영상 스트리밍 서비스를 단 2주 만에, 그것도 세 명의 사내 멤버로 만들 수 있었습니다.

●● 충실한 공식 문서와 기술 블로그

AWS는 많은 공식 문서들을 제공합니다. 각 AWS 서비스의 사용자 가이드뿐만 아니라 각 서비스의 포인트를 설명하는 AWS Blackbelt Online Seminar를 통해 PDF와 동영상으로 서비스의 특징을 학습할 수 있습니다(참고 9-3).[3] 그리고 AWS는 사용자 커뮤니티 또는 파트너 기업에서 많은 지식을 공개하고 있으며 개인 블로그를 통해서도 수많은 정보들이 제공되므로 검색 사이트에서 명확하지 않은 사항에 관해 검색하면 간단하게 빠른 해결 방법을 찾아낼 수 있습니다. 이런 문서를 활용하면 서비스 개발이 경험이 없더라도 예정된 기간에 구축을 완료할 수 있는 것으로 알려져 있습니다.

참고 9-3   **AWS 서비스별 자료(일본어)**
https://aws.amazon.com/jp/events/aws-event-resource/archive/

---

3   올긴이 AWS Black Best Online Seminar는 일본 AWS에서 자체적으로 개최하는 이벤트입니다. 유사한 내용으로 다음 링크를 참고해도 좋습니다. https://aws.amazon.com/ko/events/events-content/

찾아보기